空白の移民史

―ニューカレドニアと沖縄―

私をニューカレドニアに導いてくれたカナ・オブリーさんが
2017年3月6日ポワンディミエで亡くなった。享年90。
謹んでこの本をカナさんの霊前に捧げる。

著者・三木 健

Cet ouvrage est dédié à celle qui m'a guidé en Nouvelle-Calédonie.
Madame Kana Obry est décédée le 6 mars 2017 à Poindimié à l'âge de 90 ans.

L'auteur
Miki Takesh

はじめに――交流の歴史を後世に

ニューカレドニアというと、たいていの人は「どこにあるの?」と聞く。名を聞いたことはあっても、具体的なことになると、あやふやだ。面積が日本の四国ほどもあると聞くと「そんなに大きな島か」と驚く。この島に沖縄系の人たちが、数多くいると説明すると、さらに驚く。島の人口は二七万人(二〇一四年国勢調査)ほどで、沖縄の人口一四五万人(二〇一五年現在)には及ばない。島は一九世紀後半からフランスの植民地となり、現在でも同国の「海外県」という位置づけである。

そんな島に一九世紀の終わりから、ニッケル鉱山の鉱夫として、日本人の出稼ぎ移民が赤道を越えている。その数五五八一人。それに沖縄から加わったのは二〇世紀初頭の一九〇五(明治三八)年からで、四次にわたる契約移民八二一人が渡っている。聞かされていた労働条件と、実際のそれとの乖離が大きく、たいていの鉱夫は鉱山を逃げ出し、いろんな仕事や場所を変えながら、何年もかけて島の東海岸にたどり着く。そこで海産物の仕事をしながら生計を立て、やがてカナックと呼ばれる先住民や混血の女性を妻に迎え、家庭を持つ。

しかし、一九四一年一二月の日本軍によるハワイ真珠湾攻撃で太平洋戦争が始まると、アメリカの同盟国フランスの憲兵により日本人一世は逮捕され、妻子と切り離されてオーストラリアの収容所に送られる。厳しい生活に耐え終戦を迎えた。しかし戦後、ニューカレドニアの妻子の元に帰ることは許されず、日本に強制送還される。残された妻子は、財産を没収されたうえ、反日感情の強い中、日本人の妻、あるいは子であることを隠して生きねばならなかった。沖縄に送還された一世たちは、居場所もなく、かといって米軍統治下でニューカレドニアに戻ることはかなわなかった。戦後の混乱期を生きて、やがて世を去っていく。ニューカレドニアに残された沖縄系人は、成長し二世、三世の時代となるが、沖縄のイメージがつかめないまま、己のアイデンティティーに悩み続けた。戦争が引き起こしたこととはいえ、その歴史はあまりにも悲しみに満ちている。戦後の長い途絶の歴史が続き、世界中に多い沖縄人移民の歴史の中でも、ここだけは「空白地帯」となっていたのだ。

戦後、何十年かしてわずかの引揚者たちが彼の地の親戚と交流していたが、それは点でしかなかった。本格的な交流が始まったのは、二〇〇六年一二月に「沖縄ニューカレドニア友好協会」が設立され、翌年二〇〇七年七月に「ニューカレドニア沖縄日系人会」がニューカレドニアの東海岸を中心に発足してからである。わずか一〇年そこそこでしかない。しかし、双方の出口が開けられ、淀んでいた水が一気に流れ出した。

一〇年間に毎年のように双方のいずれかが、開かれた扉を往来してきた。それを単なる点に終わらせず、組織で支えて面にし、みんなの共有財産にしてきた。本書は前半の空白の歴史と、その後の交流の歴史を書いたものである。そして交流の過程で、己のアイデンティティーに悩んできたニューカレドニアの二世、三世たちが、どのようにして己のアイデンティティーを勝ち取り、歴史の「空白」を埋めてきたのかを書いたものである。

凡例

一、本文中の敬称は省略させていただいた。

二、掲載写真は主に著者が撮影、もしくは著者のカメラで撮影したものを中心とした。

三、それ以外の写真については、提供者名を記載した。

四、引用文については、本文中に出典を明記した。

もくじ

Table des matières

Chapitre 3 Immigrés japonais et formation d'une société pluriethnique —— 103

Chapitre 4 Les descendants d'Okinawa retrouvent leur âme —— 153

N
パプアニューギニア
オーストラリア
ニューカレドニア
ニュージーランド

〈ニューカレドニア全図〉

バラビオ島
プーム
ウエゴア
プエボ
クマック
モン・パニエ
カーラ・ゴーメン
ヤンゲン
トゥオ
ヴォー
ポワンティミエ
コネ
ポネリウェン
クアンプー
ポアイル
ポヤ
クアウラ
カナラ
ブーライユ
サラメア
ティオ
ラ・フォア
グランドテール島
ブルパリ
トントゥータ
パイータ
ヤテ
ヌメア
モン・ドル
ウベア島
ロイヤリティー諸島
リフー島
マレ島
イル・デ・パン

第一章　開かれた扉

Chapitre 1 Des portes ont été ouvertes

Située à l'est de l'Australie dans l'hémisphère sud, la Nouvelle-Calédonie est connue au Japon, avec sa nature magnifiquement préservée, comme étant « l'île la plus proche du paradis ». Toutefois, peu de personnes savent qu'entre la fin du XIXe et le début du XXe siècle, 5581 immigrés japonais ont franchi l'équateur pour aller s'y installer. Parmi eux, plus de 820 natifs d'Okinawa, partis pour trouver du travail. Tout cela remonte aujourd'hui à plus de 110 ans.

J'étais au courant de l'existence de ces gens, mais ce que j'ignorais, c'était que nombre de leurs descendants vivaient encore de nos jours. Cet état de fait, je l'ai appris il y a quelques années de la bouche de madame Mutsumi Tsuda, professeur à l'université d'art et de design de Seian, qui enquête sur les descendants de japonais en Nouvelle-Calédonie. En août de la même année, elle organisait à Nouméa, au centre culturel Tjibaou, une exposition intitulée « FEU NOS PÈRES - Les émigrants japonais en Nouvelle-Calédonie ». J'en ai profité pour m'y rendre afin de recueillir des informations.

Sur les lieux de l'exposition, j'ai découvert de nombreux descendants de japonais venus observer avec un vif intérêt les photographies présentées. Parmi eux, j'ai eu l'occasion d'interviewer plusieurs personnes originaires d'Okinawa. Entre deux interviews, je suis sorti dans la cours intérieure. Une famille se tenait là, brandissant un portrait de leur père. Ils m'ont interpellé avec ces mots : « aidez-nous à connaître nos origines ». Le père s'appelait Kikichi Alagusuku. C'est la seule information qu'ils étaient en mesure de me fournir, mais je leur ai promis de rentrer à Okinawa et de procéder à des recherches.

Dès mon retour à Okinawa, mes recherches m'ont permis de trouver une tombe correspondant à ce nom dans le quartier d'Oyakawa, à Nago. Lorsque j'ai pris contact avec les descendants pour leur transmettre l'information, ceux-ci m'ont répondu la chose suivante : « nous allons venir nous recueillir sur la tombe ». La quatrième édition du festival Mondial Uchinanchu se tenait précisément en octobre de la même année ; je me suis donc arrangé pour les faire venir à ce moment-là. Les descendants de Kikichi Alagusuku étaient au nombre de quatre, parmi lesquels sa fille, Kana Aubry. Devant la tombe, ils ont versé des larmes et fait de longues prières. Puis ils ont déposé en offrande une petite maisonnette sculptée en bois. Le lendemain, ils ont pris part à la parade nocturne précédant l'ouverture du festival. Puis ils se sont rendus au festival lui-même, où ils ont pu découvrir pour la première fois de leur vie la culture et l'ambiance d'Okinawa.

Durant une réception de bienvenue donnée en l'honneur du groupe, Roselyne, descendante de troisième génération, a dit en substance : « la moitié de notre cœur, c'est la Nouvelle-Calédonie. Mais jusqu'à aujourd'hui, nous n'avions aucune idée de ce que pouvait bien être l'autre moitié. En venant à Okinawa, nous avons enfin pu combler ce vide qui existait en nous ». Dans le folklore d'Okinawa, on appelle cela *mabuigumi*, c'est-à-dire le fait de remettre dans son état initial une âme abîmée.

Cette famille n'est pas un cas isolé, loin de là. Dès lors, il semblait nécessaire qu'une structure organisée apportant son soutien à ce genre de démarche voie le jour. C'est précisément dans ce but qu'est née l'Association Okinawa Nouvelle-Calédonie.

(Traduction française : Miguel Dals & Alexandre Paccalet)

「日系人写真展」への誘い

私がニューカレドニアを初めて訪ねたのは、二〇〇六年八月のことだった。その二か月前の六月に、長年勤務していた沖縄の新聞社（琉球新報社）を役員定年で退職し、自由な身となった。退職したら手掛けたい取材の一つに、ニューカレドニアの沖縄移民のことを決めていた。それはこの年の春に聞いた話がきっかけだった。

ニューカレドニアに百年も前に出稼ぎに行った沖縄人移民の子孫が生きている、という情報を耳にした。明治時代末期におよそ八〇〇人余が鉱山労働者として赤道を越えて行ったことは承知していたが、その子孫がいることは、ついぞ聞いたことがなかった。

私は一九八五年、現職の記者時代にニューギニアのポートモレスビーを振り出しに、メラネシアやミクロネシアの旧南洋群島の島々を、五〇日間も取材して歩いたことがある。「世界のウチナーンチュ」という二か年にわたる長期連載企画の一環であった。沖縄移民の多い南米やハワイ、北米、ヨーロッパにまたがる各地を、それぞれの担当記者が分担して取材したが、私の担当区域が旧南洋群島であった。しかしその時は、ニューカレドニアはコースから外れていたこともあって、取り上げられることはなかった。

ニューカレドニアの沖縄系の情報をもたらしてくれたのは、成安造形大学（滋賀県）の津田睦美教授である。彼女は二〇〇三年、ニューカレドニアの首都・ヌメアの近郊にあるチバウ文化センターの「アーティスト・イン・レジデンス」（滞在制作）で同地を訪ねた際、日系人のことを知り関心を持ち始める。日系人から聞き取り調査をするうちに、たくさんの沖縄系がいることを知る。大学で写真が専門の彼女は、二〇〇六年八月にチバウ文化センターでニューカレドニアの日本人移民史をまとめた写真展を計画、その関連調査で同年二月に沖縄を訪れた。琉球新報社を訪ねてきた彼女と、私は出会うことになる。「写真展には、多くの日系人が来るので沖縄系の取材もできるでしょう」とのこと。こうしてニューカレドニア政府観光局の招待（展覧会への協賛）として、八月のニューカレドニア行きが決まった。

ニューカレドニアに行く前、私は沖縄に住んでいる同地からの引揚者か、親戚の人を探して事前調査をした。四人の方に会うことができた。糸満市に住む玉江光英・稔兄弟、同じ糸満市の並里豊子、そして四人目はうるま市に住む中村薫だ。

玉江兄弟は二〇〇五年に親戚に会うため、ニューカレドニアを訪ねている。玉江兄弟の祖父・金城次郎が一九〇五年に鉱山労働で渡っている。次郎には亀という一人息子がいた。その亀の子供が玉江兄弟である。渡航後、次郎はニューカレドニアでカナックの女性と再婚し、そのあいだにフィリップ（日本名・太郎）が生まれ、今もヌメア近くのダンベアに住んでいる。前年に太郎を訪ねた時の写真などを見せてもらった。

ニューカレドニア生まれの並里豊子は、戦前、ヌメアで両親が「ナンザト商店」という大きな店をしていた。父親は出稼ぎ移民で、後に写真花嫁で妻を呼び寄せ、豊子が生まれた。彼女は幼少の頃ヌメアで生活している。「ナンザト」は並里の古い沖縄読みである。当時の商店の写真を見せてもらった。二階建てのコロニアル風の大きな店である。沖縄出身者の中では成功者の部類であろう。「ナンザト商店」の建物が、今も残っているという。それをぜひ確かめたいと思った。

うるま市に住む中村薫は、祖父の名嘉村加那がニューカレドニアに渡っている。結婚していた加那は妻と一人息子の誠善を残して出稼ぎに出た。誠善の子どもが薫である。加那はニューカレドニアで再婚し、息子のルイたちが今もニューカレドニアの北部東海岸にいる。一九九七年にルイは二人の妹たちと沖縄を訪れ、薫に面会している。数は少なかったが、いずれも家族が引き裂かれた悲しい話であった。事前調査は私のニューカレドニアへの関心を強いものにした。

親戚探しを訴える家族

ニューカレドニアに行くには、沖縄からいったん関西空港か成田に飛び、そこからフランスの航空会社エアカランの直行便で行く。八時間の夜間飛行である。時差は二時間。夜の八時に飛ぶと、明け方にニューカレドニアのトゥントゥータ空港に着く。ニューカレドニアは主島のグランドテール島の他、いくつかの離島からなる。グランドテール島はフランスパンのように南北に細長い島で、約四〇〇キロもある。島が見えてから空港に着くまで一時間近くかかる。四〇〇キロといえば、沖縄本島から石垣島までの距離である。一五〇〇メートル級の山脈が、島を東西に分けている。沖縄と同じ亜熱帯の島だが、季節は沖縄とは逆である。

首都のヌメアは、空港から車で一時間ほど南に位置し、いくつもの入江に縁どられた美しい街である。長いフランス植民地支配の中で培われてきたリゾート地でもある。ヌメアの中心街にはコロニアル風の建物がいくつも並び、高等弁務官府のビルには、フランスの三色旗がヘンポンと翻っていた。それは私に高等弁務官を頂点とする米国占領下の沖縄を思い起こさせた。

「FEU NOS PERES　ニューカレドニアの日系人」展（以下「日系人写真展」と略）は、ヌメア近郊のチバウ文化センターを会場に開かれた。主催はチバウ文化センターやニューカレドニア日本親善協会など。初日には、延べ二〇〇〇人もの関係者が見に来ていた。一世たちの写真、当時をしのばせる所持品の写真、オーストラリアの収容所の様子などが展示され、二世・三世たちは、食い入るように見入っていた。中には目を潤ませてじっと佇んでいる人もいた。

　別室の会場ではシンポジウムも開かれ、地元の移民研究者や、日本からの研究者が発表をしていた。沖縄からも琉球大学元教授の石川友紀、仲程昌徳らが参加していた。また、太平洋戦争で日本人一世がフランスの憲兵に逮捕され、収容所に送られる様子を劇化した「日本人の逮捕」（作 イスメット・クルトヴィッチ）も上演された。

たくさんの人が見に来た「日系人写真展」／チバウ文化センター

食い入るように展示を見る来観者

沖縄の親戚を探してほしいと訴えるオブリー家の人たち／チバウ文化センターの中庭

休憩時間に中庭に出てみると、日本人一世の顔を引き伸ばした写真を両手に掲げた一家族が立っていた。ヌメア在住の日本語教師・山田由美子に通訳をお願いして、ワケを聞くと「沖縄から新聞記者が来ていると聞いたので、自分たちの親戚を探してほしい」という。その家族は最年長のカナ・オブリー（七六・当時、以下同じ）を頭に弟のルイ（七〇）、娘のオディール（五六）、ロズリン（四六）、そしてその娘の子供三人であった。カナの父親の名前は「アラグシュク・キキチ」。それ以外の手掛かりになる情報は、持ち合わせていない。ともかく沖縄に帰ってから、親戚を探してみることを約束し、その会場で別れた。

「私たちは何者？」

帰国後、私は「アラグシュク・キキチ」の親戚探しを始めた。ちょうどその頃、名護市史編集室が『出稼ぎ移民編』を編纂中で、中鉢良護編集担当の協力を得て探したところ、旧羽地村親川出身の新城喜吉だということが分かった。喜吉はニューカレドニアに行く前に結婚し、三人の子供がいた。そのうち男二人は本土に移住していなかったが、娘が沖縄にいた。私は電話をかけ、面会を申し入れたが断られた。

事情を説明し、ニューカレドニアのきょうだいたちと会ってほしい、と頼み込んだが、駄目だった。理由は「小さい時から母一人で苦労をして学校を出してもらった。父親がいないためどれだけ苦労したか、母からもよく聞かされた。今さら会っても……」という。私は「ご苦労されたのはよくわかる。しかし、苦労は向こうも同じ。それをお互いに理解し合うことが大事だ。だからぜひ会ってほしい」と食い下がったが、駄目だった。ただ「私は嫁に出た身なので、兄たちがどう思うか訊いてみたい」というので、祈るような気持ちで返事を待った。数日後に電話を入れたが「やはり、兄たちも今さら会うこともない、と言っているので」と、これ以上話は進まなかった。そこで私は「せめて墓参りだけでもさせてほしい」というと「それはどうぞ」という。救われた思いで電話を切った。

そこには他人の入る余地のない遺族だけが知る厳しいものが感じられた。私は今さらながら、長い「空白」の重みを知らされる思いがした。と同時に、新たな歴史を切り拓いていくためにはこうした過去のしがらみを乗り越えて、お互いに理解し合うことこそが、必要ではないか、という感を深くした。

しかし私には、ニューカレドニアのオブリー家の人々に、沖縄の兄妹たちの話を伝える勇気はなかった。墓が見つかったことだけを伝えた。「墓参りに行きたい」という返事がすぐに来た。どうせならと、その年の一〇月に第四回「世界のウチナーンチュ大会」が開催されるので、それに合わせて日程を組んでもらった。

「世界のウチナーンチュ大会」は、世界各地に移民を送り出した沖縄を要に、ネットワークを構築しようと沖縄県が主催して五年に一度開催される県最大のイベントだ。第一回目は一九九〇年に開催され、一七か国から二四〇〇人が参加。二回目は一九九五年に二九か国から三四〇〇人、そして二〇〇一年の三回大会には、三〇か国から、一気に四三〇〇人と参加人員が増加した。

二〇〇六年一〇月に第四回大会を迎え、ニューカレドニアから初めてオブリー家の四人が沖縄にやってきた。私は「歓迎」とフランス語で書いた横幕を準備し、ボランティア通訳の方たちと空港に出迎えた。到着ロビーに姿を現した四人は、さっそく地元のマスコミの取材を受けた。四人は「故郷の沖縄に来ることが夢だった。夢がかなえられて幸せです」と笑顔で答えた。

カナは「父からは沖縄のことを聞くことはなかったが、母を通して沖縄は素晴らしいところだと聞いていた」と語っている。ルイは一九九四年に同じポワンディミエに住むウイチ家などの訪問団と共に沖縄を訪れている。ところがその時は親戚を探しきれずにホテルで涙を流し、寂しく一夜を明かしたという。それだけに期待が膨らむ。「ウチナーンチュ大会のことは知らなかったが、きっとすごい大会だろう。古里の沖縄は心地よい」と感慨深そうに答えている。

那覇空港で再会を喜び、ホテルにチェックインしてロビーでくつろぐと、カナが改まった口調で言った。

「あなたは私たちの長年の願いであった沖縄の扉を開いてくれました。これはニューカレドニアの慣習で、大事な人に贈るマネ・カナックというものです。感謝の気持ちを込めてこれをあなたに贈ります」

それは長さ二〇センチほどの布きれを巻いて縛ったものであった。向こうの慣習で、例えば婚約者とか大切な人に

初めて父親の墓を訪れ、涙を流すオブリー家の家族／名護市親川

贈る物らしい。私は恐縮し、恭しくそれをいただいた。
翌日、家族四人を私の車に乗せて、名護の親川に墓参りに出かけた。カナたちは「ミッションローブ」と呼ばれるロングドレスの正装であった。フランスの宣教師が考案して普及したものらしいが、今ではすっかり民族衣裳として溶け込んでいる。
沖縄式の墓の前で四人は正座した。カナたちは持参したニューカレドニアの伝統的民家・カーズをかたどった木彫りの置物を墓前に供えた。そして祈りを捧げ、なにやらつぶやき始めた。カナの頬からは涙が伝わってきた。祈りの仕草は、沖縄のオバーそのものであった。
後でカナに「何を話していたのですか」と尋ねると、彼女は「子どもの頃、私はいい子ではありませんでした。大きくなってやっといい子になったのに、お父さんはもうおりませんでした、と語りかけた」という。奉納したカーズには、さまざまな家族の思いが込められているのであろう。新城喜吉の墓の近くには、喜吉と共に渡航した従兄弟の新城安森家の墓もある。カナたちはそこにもお参りした。

墓参のあと親川公民館に名護市史編集室の協力で親戚の方々に集まってもらい、系図の説明や思い出などを話した。しかしオブリー家の人たちは、どこか物足りなさを抱いているようであった。しびれを切らしたように長女のオディールが「それにしても、どうしてここには直系の子供たちはいないのですか」と訊いてきた。皆、一瞬黙りこんでしまった。私はつい喉から声が出そうになったが、呑み込んだ。いつかは、わかってくれる日が来るだろう、と。

公民館での説明が終わって外に出たとき、訪問を聞きつけた高齢の男性がやってきて「あなたが喜吉さんの娘ですか。喜吉さんからニューカレドニアに娘がいるよ、とよく聞かされましたよ。お父さんにそっくりだ。まるで浦島太郎の話のようですなあ」と感慨深そうに、しみじみとカナを見つめていた。

翌日「世界のウチナーンチュ大会」の前夜祭があり、那覇市内の国際通りを世界中から来た沖縄系の人たちと共にパレードした。カナは少し疲れているようであった。オディールが言うには、夜はベッドの中で遅くまで泣いていたという。幼いころの思い出が交錯して眠れなかったのであろう。しかし、翌朝の顔はどこかさっぱりしているようでもあった。

大会会場の広場では、さまざまなイベントが行われていた。そこのステージで歌を唄っているのを見て、カナはハタと思い当たることがあった。出演者が手にしている三線である。「そうだ、これだったのか」と気づいた。子どもの頃、父親が三線のような楽器を作り、豚の腸を乾燥させたヒモで弦を張っていた。その時、カナは「いい歳して、子供じみたことを」と軽蔑するように見ていた。それが実は故郷の伝統楽器だと知って「親の気も知らずに、なんと親不孝なことだったか」と、涙ぐんでいた。

それがヒントになり、私は一家の滞在中、友人の経営する居酒屋にカナたちを連れて行き、三線や太鼓に触れさせ、沖縄や八重山の民謡を聞かせてあげた。ニューカレドニアの沖縄系には沖縄の言葉も文化も継承されていない。両親のうち父親だけが沖縄で、しかも戦時中とあって日本語を話すことさえもはばかられていた。そのうえ父親の収容所送りとあっては、沖縄の文化が継承されるはずもなかった。そんな沖縄系の人たちに、少しでも沖縄の文化に触れさせたい、という思いがあった。プリミティブな太鼓のリズムや三線の歌は、すんなりと心に届いたようだった。

また「世界のウチナーンチュ大会」期間中に那覇市内の国道五八号線を開放して開催された「那覇大綱曳き」にも連れてゆき、市民に交じって大綱を曳いてもらった。伝統行事の由来や、独特の民族衣装にも興味を惹かれた様子であった。大会期間中に、名護市に住む新城喜吉の親戚の稲福保男が、オブリー家の人たちを招いて歓迎会をしてくれた。その時、カナの娘のロズリンが自分の手にはめた指輪を見せながら、語ってくれた話が今も忘れられない。

「この指輪は祖母が亡くなるとき、形見にくれたものです。そのとき祖母はこう言いました。この指輪をして、いつの日か必ずおじいちゃんの故郷を訪ねなさい」――。ロズリンは祖母との約束を果たしたのだ。

一〇月一二日に開幕した大会は、一五日夜、宜野湾市のコンベンションセンターで閉会式が行われた。海外組の三九〇〇人が参加した。オブリー家の四人も参加した。大会実行委員長を務めた稲嶺恵一知事が「大会は世界のウチナーンチュを、母県を核としたネットワークに位置付ける大きな意義を持っており、世代交代が進むにつれ、ますます重要な役割を担っていく」と述べて、次回大会へ期待を表明した。

国際通りをパレードするオブリー家の人たち。右端は通訳の小出友視

ニューカレドニアから初参加となった「世界のウチナーンチュ大会」開会式場の入口でオブリー家

三線を弾く仕草をするオブリー家のカナ（左）とルイ／那覇市内の居酒屋「か〜らやま」

閉会式後のアトラクションには総勢四〇〇人が出演。海外に雄飛した壮大な創作劇に参加者全員が総立ちになり拍手を送った。閉会式に参加したオブリー家の四人も、感動に包まれたフィナーレを迎えた。大会への初参加とあって地元紙の『琉球新報』は、その時の様子を次のように報じている。

「感極まったオブリー・ロズリンさん（四六）＝三世＝は閉会式で思わず涙。ルイさんやカナさん（七六）＝二世、オディール（五六）＝三世＝も『とても美しかった』『沖縄に愛を見つけた』などと感慨深げに四日間を振り返った。ロズリンさんは閉会式中、カメラのシャッターを切り続けた。『家族みんなで来られなかったことがさみしい』と言い、大会の様子を家族にも伝えようと懸命だった」（一〇月一六日朝刊）

大会閉会式二日後の一七日、オブリー家に那覇市役所から手渡したいものがあるので来てほしい、との連絡があった。ルイとロズリンが市役所に出向いた。それは翁長雄志市長（現・沖縄県知事）からニューカレドニアの「ナハシ・ホテル」への感謝のメッセージで、それをルイたちに託したのである。翁長市長に代わって、当銘芳二助役がメッセージを読み上げた。

「遠きニューカレドニアの地に『ナハシ・ホテル』の今に至る背景に深く感銘を受けた。那覇市という名称で結ばれる奇遇に感謝し、ウイチさんのご家族の歩まれた人生に心から敬服する」

翁長那覇市長は、私がニューカレドニア取材後に『琉球新報』に連載した「空白の沖縄移民史」で「ナハシ・ホテル」のことを知り、同地から初参加したオブリー家にメッセージを託したのである。その伝達のことが一〇月一八日夕刊に写真入りで報道された。

大会期間中に通訳や友人知人に集まってもらい、宿泊先の民宿で歓迎会をした時のことだ。ロズリンがお礼のあいさつの中で、こんなことを話した。

「私たちのハートの半分は、ニューカレドニアです。でも、あとの半分は何なの？　私たちはこれまでずーっと引きずって、分かりませんでした。でも今回、沖縄に来てその半分がやっと埋まりました」

私はその時、これは沖縄でいうところの落としたまぶい（魂）を取り戻す「まぶいぐみ」（魂を込める）にほかならない、と思った。彼女たちにとって墓参や親戚訪問は、私たちが考えるほど軽いものではない。極めて精神的な営為なのだ、ということを知らされた。そのような人たちは、この家族に限らない。まだ他にも沢山いるはずだ。それに応えることが、私たち沖縄側に求められている。

しかし、それは一人でできることではない。組織的な受け皿が必要ではないか。こうして歓迎会に参加してくれた

沖縄ニューカレドニア友好協会の設立総会／ 2006 年 12 月那覇市内

友人知人に呼び掛けて、共に立ち上げたのが「沖縄ニューカレドニア友好協会」である。カナたちが開いた沖縄の扉は、同時に沖縄からニューカレドニアへ行く扉ともなったのである。

あれから一〇年、開かれた扉をくぐり、双方からの往来が続いている。道は細かったが、それでも途切れることなく毎年のようにニューカレドニアから、あるいは沖縄から誰かが親戚を訪問し、友人に会いに出かけた。この一〇年間の交流を通して、さ迷い続けていた「まぶい」は、ようやく落ち着くべきところに、落ち着きつつあるように思える。

「天国にいちばん近い島」と言われ、リゾート地として知られるこの島で、戦争のトラウマに悩む日系人の存在は、ほとんど知られていない。私はつき合った沖縄系のことしか知らないが、それだけをみてもほとんどの日系人たちが、こうしたトラウマを抱えて生きているに違いない。そのトラウマから解放されることなしに、二世・三世たちのアイデンティティーの確立もまた、あり得ないのではないか。

そのことは後に述べるとして、はじめての取材旅行で、私は一〇人余の話を聞くことができた。首都のヌメアだけでなく、ヌメアから車で五時間余もかけて北部の東海岸を取材して回った。フランス語の通訳は、長年ヌメアに住み、テレビ取材のコーディネイトなどをしている山田真治（前記・山田由美子の夫）が努めてくれた。

それにしても東海岸に、沖縄系の人たち十数家族と大勢の子孫が住んでいるのには驚いた。しかし、一世たちはもういない。それでも高齢ながら二世たちがまだ健在だった。短い期間でそれも「ぶっつけ本番」の取材であったが、その頃の二世・三世たちの心理状況を知ってもらう上から、当時の新聞（二〇〇六年琉球新報）連載に一部加筆して次章で紹介したい。

総会に参加した人たち

第二章

アイデンティティーに悩む二世・三世

――二〇〇六年取材で出会った人たち――

Chapitre 2 Souffrance identitaire de la deuxième et troisième génération de descendants d'immigrés japonais originaires d'Okinawa

En 2006, j'ai eu l'occasion d'interroger douze personnes originaires d'Okinawa. Il en est ressorti qu'aujourd'hui encore, bon nombre d'entre elles s'interrogent sur la question de leur identité. Certaines ne se sont toujours pas remises des discriminations subies pendant la Seconde Guerre Mondiale. Leur situation rend particulièrement ardue la quête identitaire. C'est à elles que ce chapitre 2 est consacré. (Les âges indiqués entre parenthèses correspondent aux âges qu'elles avaient en 2006.)

Philippe Kanagusuku (75 ans), qui vit à Dumbéa dans la banlieue de Nouméa, est le fils de Jiro Kanagusuku, arrivé de la ville d'Itoman en 1911. Jiro s'était marié avant son départ pour la Nouvelle-Calédonie, et avait eu de cette union un premier fils, Kame. Lorsque la guerre du Pacifique a éclaté, il a été arrêté à Ouégoa, au nord de la côte orientale, alors qu'il s'était reconverti dans la pêche après s'être enfui des mines. Lors de son arrestation, il a promis à son fils Philippe qu'il reviendrait le chercher coûte que coûte. Mais il n'a jamais pu tenir sa promesse. Après la guerre, Philippe s'est rendu à Okinawa afin de rencontrer les deux fils de Kame et de rapporter la tablette funéraire de son père.

Louis Nakamura (83 ans), résidant à Ouégoa, est le fils de Kana Nakamura, originaire du village de Yonashiro à Okinawa. Kana s'était marié avant de quitter le Japon et avait eu un fils unique prénommé Seizen. Le fils de ce dernier, Kaoru, réside aujourd'hui dans la ville d'Uruma. Louis effectuait son service militaire dans l'armée française lorsque son père a été arrêté pendant la guerre. Grâce à cela, Kana n'a pas été incarcéré en Australie, mais placé en détention jusqu'à la fin des hostilités dans un centre pénitencier sur l'île de Nouville, en face de Nouméa. Il est décédé après la guerre à l'âge de 67 ans. Sur sa tombe à Ouégoa, Louis et sa famille ont gravé de leurs propres mains le mot « OKINAWA ». Plus tard, Louis est allé à Okinawa avec ses deux filles afin de rendre visite à Kaoru.

Jean-Pierre Zenkoro, est un descendant de japonais de troisième génération qui vit à Tchamba sur la côte orientale, où il cultive de grands champs d'ignames et de taros. Il est le descendant de Zenkuro Tamagusuku, originaire de l'île de Yagaji. Zenkuro était un homme actif qui menait plusieurs affaires agricoles et commerciales, mais il est décédé en 1933. À son décès, son fils Emmanuel a hérité de tous ses biens, ce qui leur a permis d'échapper à la confiscation durant la guerre. Mais hormis le fait qu'il était originaire d'Okinawa, Jean-Pierre ignorait tout de son respecté grand-père et de ses racines. Ce n'est qu'en 2006 grâce à la rencontre d'un arrière-cousin japonais que son errance identitaire a pu prendre fin.

Louise Matsuda (65 ans), que j'ai rencontrée à Tchamba, est la fille de Kozaburo Matsuda. Celui-ci était originaire de la même île que Zenkuro Tamagusuku, l'île de Yagaji. Comme beaucoup d'autres, il travaillait dans une ferme après avoir fui les mines. Lorsque Zenkuro est décédé, il a épousé sa veuve dont il a eu quatre enfants. Louise est la troisième de ses filles. Elle a deux sœurs aînées prénommées Naeko et Lucie. Elle n'a jamais connu le visage de son père car elle n'avait que quatre mois lorsque ce dernier a été jeté en prison pendant la guerre avant d'être ensuite déporté de force. En 2006, elle a rencontré pour la première fois ses demi-frères et sœurs d'Okinawa, nés d'une autre mère.

Cécile Higa (70 ans), du village de Kokingone, est la fille de Denzo Higa, originaire de la ville de Nago. Denzo a fui les mines et s'est marié avec Laura, fille d'un chef de tribu. Il cultivait entre autres du café dans une grande ferme. Denzo a été arrêté et déporté au début de la guerre du Pacifique ; il est décédé en Australie dans un centre de détention. Cécile s'interroge beaucoup sur son identité. Après la fin de la guerre, elle s'est rendue sur la tombe de Denzo en Australie et a également rendu visite à des proches vivants à Nago.

Léon (77 ans) et Marcelle Uichi (82 ans) sont les enfants de Zenjiro Uechi, originaire de l'ancien village de Haneji (aujourd'hui intégré à la ville de Nago). Ils sont respectivement le deuxième fils et la deuxième fille d'une fratrie de treize. Rentré à Okinawa après avoir été incarcéré dans un centre de détention en Australie, Zenjiro est l'un des rares japonais à être par la suite revenu en Nouvelle-Calédonie grâce aux efforts de ses enfants. Léon tient une ébénisterie à Poindimié, et Marcelle s'est occupée pendant de longues années de l'hôtel Nahashi fondé par son père à Ponerihouen. Ils font partie de ces rares familles à avoir rapidement repris contact avec leurs parents à Okinawa après la guerre.

Félix Alagusuku (80 ans) et Louis Kikichi Alagusuku (69 ans) vivent actuellement à Poindimié. Felix est le fils d'Anmori Aragusuku et Louis, celui de Kikichi Aragusuku. Leurs pères étaient cousins, tous deux originaires de l'ancien village de Haneji. Louis est le frère cadet de Kana Aubry dont la présentation a été faite dans le premier chapitre. Tous deux ne connaissaient rien des origines de leurs pères et ont longtemps été en quête de leur identité.

Matty Ogushuku est né d'une mère française et d'un père venant d'Okinawa, mais les racines exactes de ce dernier restent inconnues. Matty a 11 enfants et possède une exploitation agricole à Pouébo. Parmi les descendants de japonais originaires d'Okinawa, on trouve de nombreux cas de métissage avec des Kanaks. Le père de Matty ayant quant à lui été marié à une française métropolitaine, il a pu éviter d'être expulsé vers le Japon à sa sortie des camps en Australie.

Reine-Marie Shono (57 ans) est une descendante japonaise de troisième génération. Son grand-père était Masaharu Zayasu, originaire d'Okinawa. Femme de carrière, elle a connu une grande réussite professionnelle en assurant pendant de nombreuses années des fonctions de conseillère municipale et régionale. Elle est née à Nouméa de l'union de son père, Jean-Victor, et d'une mère française. Ce n'est que bien plus tard qu'elle a appris les origines de son grand-père. Depuis un voyage effectué à Okinawa en 1985 en compagnie de son père pour rendre visite à sa lointaine famille, elle a développé un grand attachement envers ses racines.

Toyoko Namizato (77 ans) est une rapatriée de Nouméa résidant actuellement dans la ville d'Itoman. Son père s'appelait Kame Namizato et était originaire de l'ancien village de Takamine (aujourd'hui intégré à Itoman). Il a quitté les mines pour ouvrir un commerce nommé Nanzato à Nouméa, et fait venir de son village son épouse. Toyoko est née à Nouméa. Kame est décédé en 1938. Ses biens ont été confisqués pendant la guerre, et les membres de sa famille envoyés dans les camps en Australie. À leur sortie, après l'Armistice, ceux-ci sont retournés à Okinawa. Le bâtiment qui abritait Nanzato est encore visible dans le centre-ville de Nouméa. Toutefois, la famille n'a jamais perçu aucun dédommagement de la part du gouvernement français pour les biens confisqués.

(Traduction française : Miguel Dals & Alexandre Paccalet)

父・金城次郎（ニューカレドニア政府公文書館提供）

「必ずお前たちを連れに戻る」
叶わなかった父の言葉

糸満の父を訪ねた

フィリップ・カナグシュク

ニューカレドニア本島にある首都・ヌメアから車でおよそ三〇分のところに、ダンベアという町がある。ヌメアのベッドタウンである。そこにフィリップ・カナグシュク（七五・当時）一家が住んでいる。フィリップの日本名はタロウ。彼は沖縄県糸満市出身の金城次郎と現地の女性・セシルとの間に生まれた。カナグシュクは金城の古い読み方で、戦前までは沖縄でもその読み方がよく使われていた。

カナグシュクだけではない。オオグシュク（大城）、タマグシュク（玉城）、アラグシュク（新城）など、古い呼び名がまるで化石のように残っている。

沖縄から私が来るというので、子や孫たちが集まり、トタン屋根のテラスはにぎわっていた。フィリップは一九三一年の生まれで、四人きょうだいの長男だ。他は妹たちで、長女がカメ、次女がエメ、三女がディールである。子どもは一〇年前亡くなった長男のジェラールを頭に、三男五女の八人である。その孫が一八人もいる大家族だ。

金城次郎は沖縄を発つ前、すでに結婚していて、一人息子の亀がいた。ニューカレドニアに行くことにしたのも、妻子への仕送りを考えてのことであったろう。渡航は一九一一（明治四四）年という。東洋移民合資会社の募集によるニッケル鉱山の契約移民である。しかしフィリップは、父が鉱山にいたとは聞いていない。

渡航記録によればこの年、沖縄から二五〇人の鉱山労働者が、赤道を越えやって来ている。鉱山の労働は、募集広告の内容とはほど遠く、その苛酷さゆえに逃亡して山を下りている。

次郎もそうした一人であったか。東海岸に出て海の仕事に従事している。次郎はニューカレドニアの主島・グランドテール島北部のウエゴアで船を手に入れ、高級ボタンの原材料となるトロカ（高瀬貝）の採取をしている。沖縄の屋慶名村から来ていた名嘉村嘉那も一緒だった。トロカで少し金がたまったところで、セシルと結婚。海の仕事から再び陸に上がり、コーヒーや米なども作っている。四人の子どもをもうけ、平和に暮らしていた。

ところが一九四一年一二月八日、ハワイの真珠湾を日本が奇襲攻撃して太平洋戦争が勃発。一転して平和な暮らしが崩れ去った。日本人は「敵性国民」ということで、一斉に逮捕されたからだ。その時のことをフィリプは、今も忘れはしない。

「畑仕事をしているとき、突然、フランスの憲兵が十数人でやってきて、父は連れて行かれました。夜になって馬に乗せられ、ウエゴワからクマック、そしてヌメアに連れて行かれ、そこからオーストラリアの収容所に入れられたのです」

連行されるとき、次郎は「心配するな。かならずおまえたちを連れに戻るから」と言い残している。しかし、これが永遠の別れとなった。残された四人の子どものうち、フィリップは先住民のカナックに引き取られて育てられた。プエボというところだったが、生活は「苦しかった」という。

オーストラリアの収容所に送られた次郎は、戦後の一九四七年に沖縄に強制送還で引き揚げてきた。しかし沖縄は米軍の統治下で身動きがとれず、ついにニューカレドニアに戻ることなく、一九六六年に世を去った。

戦後も五〇年たった一九九五年七月、本土のあるテレビ会社が戦後五〇年の企画で、フィリップ一家と沖縄の親族を面会させる番組を制作、糸満市の玉江光英、稔の兄弟を招いた。玉江兄弟は、次郎がニューカレドニアに発つ前に残した一人息子・亀の子どもたちである。

ニューカレドニアを訪れた玉江兄弟を囲んで／1995年ダンベア（玉江稔提供）

フィリップは玉江兄弟に会うなり、兄の光英に抱きついてきた。父の次郎にそっくりだったからだ。家族が紹介され、お互いに血のつながりを確認し合った。玉江兄弟は、ティオのニッケル鉱山やヌメアの近くの収容所跡を見学した。そして島を去るとき「アビアント」（また会いましょう）と言って別かれた。

その二年後に、こんどはフィリップが息子のジェラールを連れて沖縄を訪れ、金城一族の大歓迎を受けた。フィリップは、糸満市の父親の生家や墓を訪れた。父親の墓前に立ったフィリップは、さすがに感情が高ぶり、涙ながらに言った。

「お父さんは僕たちを連れに来る，と言ったのに、どうして来てくれなかったのですか」と。よほど悔しかったことだろう。いつかこの言葉を父親にぶつけてみたかったに違いない。

一族の歓迎会でフィリップは、皆から胴上げされた。父親への感情とは別に、親族への感情はまた格別だ。そして沖縄を去るとき、父親のトートーメー（位牌）を持ち帰った。その位牌は、いまもダンベアのフィリップの家にある。

孫を抱くフィリップ・カナグシュク（中央）とその家族／ダンベア市の自宅

帰国してじき、息子のジェラールが、お礼の手紙をよこした。それには「沖縄では、おじいさんの住んでいた家を見て、父が涙を流していたことが、いちばん印象に残っています」と認めてあった。ジェラールはそれから間もなくして、心筋梗塞で急死する。二六歳だった。

あれから一〇年、その娘のヨーコ（一六）が高校一年になり、いま、日本語を学んでいる。いつの日か、沖縄にも行きたいと。その後、連絡役の玉江稔が亡くなり、交流はいつしか遠のいてしまった。

父・名嘉村加那（ニューカレドニア政府公文書館提供）

屋慶名の親戚訪ねる

父親の墓に「OKINAWA」の文字刻んだ

ルイ・ナカムラ

ニューカレドニア北部東海岸に近いウエゴアに、ルイ・ナカムラ（八三・当時）をたずねた。村は豊かな緑に覆われている。そのなかに人家が点在している。戦前から日系移民が数多く住んでいたところだ。ルイの家の近くを川が流れ、屋敷にはヤシの木が生えている。少し体調を崩しているとのことだが、快く迎えてくれた。

ルイによれば、戦前、東海岸一帯には、百人ほどの日本人が住んでいたという。なかでも沖縄出身者が多かったらしい。今はダンベアに住んでいるフィリップ・カナグシュクの家族も一緒だった。そんなこともあって、ルイはフィリップの妹を嫁にしている。

ルイの父親・名嘉村加那は一八八二年、沖縄本島中部の与那城村屋慶名で生まれている。四人きょうだいの二男で、一九一〇（明治四三）年にニューカレドニアに来ている。同家は長男の釜好が家を継いだほかは、二男の加那がニューカレドニアに、三男と四男がハワイに渡っている。加那が沖縄を飛び出したのは「毎日、畑仕事ばかりさせられたので、嫌になって出た」という話を、うるま市に住む孫の中村薫から聞いたことがある。

加那は沖縄を出るとき、既に結婚していて一人息子がいた。名を誠善という。三十七歳で亡くなった。その息子が薫である。いずれにしても加那は、妻子を残して出稼ぎに出た。行き先は遥か南のニューカレドニアのニッケル鉱山。日本殖民合資会社募集による四年契約である。しかし行ってみると、聞いていたこととは大違い。鉱山を離れて東海岸で海の仕事に出る。トロカ（高瀬貝）採集の仕事である。トロカは日本人の仲買人が買いに来た。キロ当たり五〇フランで売れた。七か月の解禁日の間は、ほとんどが海の上での生活だった。それ以外は魚の塩漬けや、タロイモ、野菜などを作っていた。

名嘉村加那（左端）とその家族（ルイ・ナカムラ提供）

ウエゴアから車で三〇分ほど北に行った所に、パムという入江がある。戦前そこには鉄鉱石の精錬所があり、積み出し港でもあった。今は廃墟となっているが、戦前は数千人もの人が住んでいた。そこには金城、大田、崎山といった沖縄の人たちもおり、崎山はマガザン（雑貨店）をして、結構、繁盛していたらしい。加那の一家も海産物をここに運んで売り、崎山商店で買い物をしていた。ルイの妹のヴィクトワールが現地を案内してくれたが、崎山商店の石造りの壁が当時の面影を忍ばせていた。

海での生活をしているうちに、地元のペトルイを妻にし、ルイたちが生まれた。また、トロカで得た収入で、ウエゴアに土地を求め、ジャガイモやトーモロコシ、コーヒー、アリコ（豆）などを栽培した。店を構え、沖縄から一緒に来た金城、外間とともに、農園も管理していた。

ひと財産を築き、これからだという時に太平洋戦争が起きて、加那ら日本人は逮捕された。そのころ息子のルイはフランス軍に入隊し、首都のヌメアやバイタという所で兵役に就いていた。ヌメアの収容所に加那が入れられる時、周りのものから石を投げられた。ルイが後に父から聞いた話である。それほど反日感情が高まっていた。

しかし、ルイがフランス軍の兵役に就いていたため、加那はオーストラリアの収容所に送られることなく、ヌメア近くのヌーヴィル島の収容所で暮らすことになる。妻のペトルイが政府に手紙を書くなどして、加那を取り戻す努力をしたが、叶わなかった。そのうえ財産は接収されてしまった。

加那がヌーヴィル島の収容所を出たのは、一九四八年のこと。財産を失ったため、一時は道路工事に従事するなど

父・加那の墓を見つめる娘のヴィクトワール／ウエゴアの共同墓地

「OKINAWA」の文字が刻まれた加那の墓碑

して生活していた。しかし、外からの中傷があったりして、家庭での不和が絶えず、そのうえ加那が大切にしていた旅券を洪水で流失。前途に希望を失った加那は、失意のうちに六七歳で亡くなった。

加那は、村から少し離れた共同墓地に埋葬されている。娘のヴィクトワールに案内してもらった。カトリック式の墓碑には、ローマ字で「ＯＫＩＮＡＷＡ」の文字が刻まれていた。ついに故郷へ帰ることのなかった父親への子供たちのせめてもの心配りである。近くには妻のペトルイも眠っている。

一九九七年、ルイは妹のヴィクトワールとマギーの二人とともに沖縄を訪れ、薫たちと初めて会った。親の生まれた家も見た。「沖縄はココヤシやバナナもあり、天気もことよく似ているね」と懐かしむ。そしてルイは在りし日の父をしのぶかのように、加那の口をまねて言った。

「あひぃ、茶ぐぁ　うさがみそーれー」

沖縄の言葉で「にいさん、お茶をどうぞ」という意味だ。東海岸で船上の生活をしていたころ、よく父親が口にしていたらしい。聞いているうちに、いつしかルイの顔が、屋慶名のオジーの顔にみえてきた。

祖父を誇りに事業に邁進

ルーツ探しに苦悶する

ジャン=ピエール・ゼンコロウ

ニューカレドニア（グランドテール島）北部東海岸のネヴァオやチャンバも、戦前は日系人が多く住んでいたところだ。そのネヴァオで「私の親戚を探してほしい」と訴えている人がいる。この土地で手広く農業をしているジャン＝ピエール・ゼンコロウ（五三・当時）だ。

首都のヌメアから車で北へ走ること、およそ五時間。ネヴァオはヤシの木や亜熱帯の植物の生い茂るなかにある。ジャン＝ピエールの家の前には、チャンバ川の河口一面にマングローブが広がっている。河口は穏やかで、まるで湖のようだ。広い庭には車やトラクターが数台置かれ、母屋の横には、タロイモやイニヤムなどの集荷場がある。

明るく陽気なジャン＝ピエールは、両手を大きく広げて「ボンジュール」（こんにちは）と歓迎してくれた。妻のセラに、息子のジョン＝ルイも一緒だった。途中から近所に住むルシアン・ウイチ（七七・当時）も加わった。ウイチ（上地）一族の一人で、ジャン＝ピエールのいとこおじにあたる。野鳥のさえずりを聞き、さわやかな風に吹かれて話を聞いた。

ジャン＝ピエールのファミリー・ネームになっている「ゼンコロウ」は、祖父の玉城善九郎からとったもので、どうやら名前のゼンクロウを姓と勘違いし、それがなまって「ゼンコロウ」となったものらしい。だから兄弟は皆「ゼンコロウ」である。こうしたミスは、ほかにも見られた。記載ミスからきているようだ。

玉城善九郎は、沖縄県北部の旧屋我地村の出身である。屋我地村はもともと一島一村の離島だが、現在は橋で結ばれ名護市に編入されている。彼はそこで一八九〇年に生まれ、一九三三年一一月二一日にネヴァオで亡くなっている。没年については、ジャン＝ピエールが祖父の友人の上地善次郎から直接聞いた、という。

ジャン＝ピエールが「沖縄にタマグシュクという地名があるそうだが、私のルーツと関係があるのか」と尋ねるので、「名前と出身地名とは必ずしも一致しないが、その地名ならここにある」と、みやげに持参した沖縄の地図（英文）を広げて、沖縄本島南部の玉城を示した。彼は大喜びで「ぜひ、訪ねてみたい」と言う。

玉城善九郎には、エミール・ルカイという妻がいた。彼女はフランス人とカナックとの間にできた娘だった。チャンバ一帯には、早くからフランス人も入植していた。夫婦となった二人は力をあわせて、七五ヘクタールの土地を手に入れる。東海岸では大きな土地である。牧場で牛を飼い、田に水を引いて米を作り、農園でコーヒーも栽培した。やがてマガザン（雑貨店）も構えた。

二人の間には、エマニュエルとジョンが生まれた。エマニュエルは、長じてカナックのネヌと結婚、五人の子どもが生まれた。その三番目の長男として生まれたのが、ジャン＝ピエールだ。上には姉、下には弟二人がいる。

彼が生まれた一九五三年には、すでに祖父の善九郎はこの世にいない。しかし、その手広い農業経営から「おじいさんは、すごい仕事をした人」として、彼は尊敬してやまない。「日本人を八人も雇っていた」というのが、いまも語り草である。

祖父が一九三三年に逝って後、妻のエミール・ルカイは、その農場で働いていた松田幸三郎と再婚する。善九郎が築いた遺産は、フランス国籍を持つエマニュエルに相続される。松田も善九郎と同じ屋我地島の出身である。太平洋戦争が始まって、日本人名義の土地が接収されたときも、エマニュエル名義の土地は没収されずに済んだ。

ジャン＝ピエールは「戦争で日本人はひどい仕打ちを受けた」と今も悔しがる。一世たちの苦労を、彼は忘れまいとする。その無念の思いが、彼の事業意欲を駆り立てる。タロイモやイニヤムの生産量は、この島でトップクラスである。それを宣伝するためのDVDまで作っている。

「ぼくの作ったイニヤムを見てほしい」と彼はその集荷場に案内してくれた。時期を見て植えるというイニヤムの種芋が、山とつまれていた。また、新しく開墾した農地や、近くのビーチを整備して観光の仕事にも手を広げたい、とそのビーチまで連れて行かれた。マングローブの景観は、沖縄の山原か西表の浜辺を連想させる。「ビーチの名前をなんとつけたものか」というので、私が冗談半分に「オキナワ・ビーチにしたらどうか」と言うと「それはいい考えだ」と笑顔を見せた。

イニヤムの集荷場で説明するジャン＝ピエール（左）
中央は息子のジョンルイ、右端は妻のセラ／ネヴァオ

二〇〇六年一〇月に、沖縄で開かれる第四回「世界のウチナーンチュ大会」のことを話したら「そんな大会があるとは知らなかった。ぜひ、資料を送ってくれ。ぼくがニューカレドニアの代表として、一番乗りしたい」と意欲的だった。そして「この機会に親戚を探し出し、交流して帰りたい」とも。彼にとって、己のルーツを探し出すことは、これから生きていくうえでの、大きな精神的支えとなるにちがいない。

（追記）第四回「世界のウチナーンチュ大会」への参加を計画していたジャン＝ピエールだったが、直前に仕事が入り、一番乗りはオブリー家（キキチ家）に譲った。しかし、その翌年（二〇〇七年）に念願の親戚とめぐり会い、ルーツを探り当てた。（第四章一六七、一八六頁参照）

父・松田幸三郎（中村千鶴子提供）

沖縄からの手紙に涙

生後四か月で父親と別れた

ルイーズ・マツダ

ニューカレドニア本島北部の東海岸を、二度目の取材に出かけたとき、ネヴァオのジャン＝ピエールから電話が来て「ヌメアに帰る途中、コーヒーを飲みに来なさい」と言う。相変わらず明るく、元気な人だ。そこでポワンディミエの取材を終えて立ち寄ってみた。

再会のあいさつをしながら歓談していると、そこへ一人の中年の婦人がやってきた。その顔立ちから、すぐに沖縄系の人だとわかった。ジャン＝ピエールがフランス語で「ぼくのおばさんです。彼女も沖縄だよ」と言って紹介した。婦人の名は、ルイーズ・マツダ(六五・当時)。一九四一年生まれ。父の名は松田幸三郎、名護市屋我地の出身。ルイーズは二世である。幸三郎は一九一〇（明治四三）年、ニッケル鉱山の出稼ぎ移民で来た。この年の契約移民は二五〇人で、一九〇五（明治三八）年の三八七人についで多い。

幸三郎もあの高い山頂に上り、毎日一トンの鉱石を運び出したのだろうか。記録によると、山登りだけでもかなりの労働だというので、鉱夫たちから強い不満の声が上がっている。その上、炎天下の作業とあっては、長続きするのは難行である。

幸三郎たちがはじめて着いたティオ鉱山の近くの村に、鉱山の歴史を伝える博物館がある。規模は小さいが、当時の様子を伝える写真や、道具などが展示されている。案内してくれた資料員は「山頂にキャンプを張って、そこで鉱夫は労働したが、肉や野菜などもなく、貧しい食料で体力は衰え、ついに死んでいく人もいた」と話していた。

近くの共同墓地の一角に、日本式の墓石がいくつも並んでいた。気をつけてみると、風化した墓石に「金城源正明治四十四年　行年二十二」と刻まれたのもあった。重い労働の末、沖縄に帰る日を夢見つつ、ついにこの地に果て

ルイーズ（左）と姉のルーシー（右端）

たのである。二二歳とは、あまりにも若い。鉱夫たちのなかには、生きている内から墓石を確保し「自分が死んだらこれを建ててほしい」と依頼したとも聞いた。生きていた証が、小さな墓石だけだったのである。（第三章一二五頁参照）

幸いにも幸三郎は鉱山で死ぬこともなく、鉱山を逃亡後、チャンバで同じ屋我地出身の玉城善九郎の農園で働くことができた。そこには日本人が八人も働いていた。一九三三年に善九郎が四三歳の若さで亡くなった。それから何年か経って善九郎の妻・エミール・ルカイと結婚。

一九四一年一二月の太平洋戦争勃発で、幸三郎は強制収容所に送られたが、ルイーズはまだ四か月の赤子であった。だから父親が憲兵に逮捕された「その時」のことを知らない。戦後になって目上の者たちから「あなたは小さくてよかったね」と言われたものだ。確かに長女・ナエコ、二女・ルーシー、そして彼女の女三人、男一人のきょうだいのなかで、もの心ついていた上の子どもたちは、いまだにそれが心の傷となっている。しかし、ルイーズは小さかったため、ついに父親の顔さえ知らずに、別れ別れになったのである。

オーストラリアの収容所に送られた幸三郎は、戦後の一九四六年に沖縄に強制送還された。引き揚げてきた幸三郎は、故郷の屋我地で生活していた。戦後の沖縄は、とてもニューカレドニアに戻れる状況になかった。数年後に村人の紹介でアキと再婚し、新たな家庭を持つ。幸吉、幸安、千鶴子、りえ子、かよ子の二男三女に恵まれた。幸三郎は妻子に包み隠さず、ニューカレドニアのきょうだいたちのことを話してきかせた。いつの日かニューカレドニアに戻ることを望んでいたが、ついにその日の来ることはなかった。

一九六八年と翌六九年の正月に、幸三郎から長姉のナエコあてに、年始のあいさつ状が届いた。幸三郎がフランス語で書いたものだった。「今年もいい年であるよう祈っている。きょうだいたちによろしく」という短いものだった。ルイーズは、そのちぎれた手紙を、いまも父親の形見として大切に持っている。

あれから何年か経った一九八一年に、沖縄のきょうだいたちから、幸三郎が亡くなったことを知らせてきた。貧困と戦争がもたらした数奇な人生であった。

別れるとき、私は沖縄から持ってきたニッケル鉱山への出稼ぎ渡航者名簿に載った幸三郎の名前を見せた。ルイーズは「オー」と声を上げて涙ぐんだ。まぶたの父を偲ばせるこうした名簿にさえも、万感の思いがこみ上げてくるようだった。

父・比嘉伝三（ニューカレドニア政府公文書館提供）

働き者で優しかった父

収容所で死んだ父しのぶ

セシル・ヒガ

ヌメアのチバウ文化センターで開かれた「日系人写真展」の会場で、私は一人の物静かな婦人と出会った。その人の名はセシル・ヒガ(七〇・当時)。名前からすぐに、沖縄系の人とわかる。父の名は比嘉伝三。セシルはその父とカナックのローラとの間に、一九三六年に生まれた。生地は北部東海岸のコカンゴンというところで、父がそこで牧場を持っていた。

伝三は名護の出身で、ニッケル鉱山の出稼ぎで来ている。どこの鉱山であったか聞きそびれたが、いずれにしても高山での、それも炎天下の鉱石採掘は、大変な仕事であったに違いない。例にたがわず鉱山から逃亡して、カナックの住む村に身を潜めている。

いくばくかのお金を手にした伝三は、それで土地を手に入れ、カナックの族長の娘・ローラを妻にした。伝三は三五歳、花嫁は一七歳だった。四男四女の八人の子宝に恵まれた。セシルは七人目の三女である。

「父は働き者で、やさしかった」

これが彼女の抱く父親の印象である。貧しいながらも、平和で穏やかな毎日が続いていた。伝三はコーヒー菜園の仕事に余念がなかった。そんな平和な日々が続いていたある日、それを引き裂く事態が起きた。太平洋戦争である。日本人である伝三は逮捕され、オーストラリアの強制収容所に送られた。

セシルはそのとき、わずか六歳であった。しかし父親が逮捕され連行されていくのを、いまでも忘れることができない。

「フランスの軍隊が来て、連れて行ったのです。そのとき父は、母に向かって言いました。私は国のために連れて

セシルが幼少の頃育ったコカンゴンの屋敷跡

行かれるが、おまえは子どもたちを大切に育ててくれ、とね」

日本人は逮捕とともに、多くの場合、所有する家や土地などの財産を接収されたが、伝三はそれを免れた。なぜか。セシルは言う。「財産は、母の名義にしてあったのです」と。事態を予測して、そのような手を打っておいたのか。いずれにしても不安定な立場に置かれていた一世の、家族への思いやりであり、生き抜く知恵でもあった。

こうして家族は財産を奪われることなく、伝三だけがオーストラリアの収容所に送られた。永田由利子著『オーストラリア日系人強制収容所の記録』によれば、日本人抑留者が収容されたのは、ヴィクトリア州のタツラ、ニューサウスウェールズ州のヘイ、そして南オーストラリア州のラブデーであった。このうち独身男性はラブデーとヘイに、家族組と女性はタツラに分けられた。単身の伝三はヘイに回された。同郷の松田幸三郎も一緒だった。

同書によれば、これらの収容所は内陸地の半砂漠地帯に建設され「寒暖の激しい大陸性気候で、夏のピーク時には気温が摂氏四〇度を超え、高温と乾燥がひどく、砂嵐がひんぱんに起きた」という。

収容所は「三重の有刺鉄線で囲まれ、その四方は機関銃とサーチライトを備えた監視塔が設けられていた」ともいう。

そんな収容所の生活に、耐えられなかったのだろう。伝三は終戦を待たずに、ここで息を引きとった。訃報を受け取った妻・ローラは、まだ三八歳だった。セシルには、父の死が信じられなかった。いつも生前の父の面影が、脳裏から離れなかった。しかし、二〇〇三年に「アミカル・ジャポネーズ」（日本親善協会）のグループと、オーストラリアの日本人収容所跡を訪れたとき、カウラ日本人戦争墓地の中に父の名を見つけた。

「墓を見て、やっと父がいなくなったことがわかりました。そのときは泣きましたが、その後からは、心が平安になりました」

フランス語の静かな口調で、こう結んだ。セシルの戦後がようやく終わったのだ（第三章一三六頁参照）

（追記）セシルは一九八二年一月、単身で沖縄を訪れ、名護市東江の従姉妹の春子と交流している。まだ、ニューカレドニアとの交流の少なかった頃である。その後も父・伝三の親戚との交流を続けてきたが、数年前から病を患い、沖縄との交流を甥のジャン＝フランソワに託した。ジャンは二〇一六年の第六回「世界のウチナーンチュ大会」に参加し、交流を深めている。

父・上地善次郎（レオン・ウイチ提供）

木工所を営む一族の長老

レオン・ウイチ

ニューカレドニアの「ウイチ」といえば、この島の日系人で知らない人はいない。一世のいまは亡き上地善次郎が、日本に強制送還された日本人の中で、戦後、島に戻った数少ない日本人であったからだ。それも一三人の子どもたちが、お金を出し合って呼び戻した、という美談が付く。

ニューカレドニア北部東海岸のポワンディミエに、善次郎の二男のレオン（七七・当時）を訪ねた。日本名・善次の名を持つ。

家の周りが樹木に囲まれた落ち着いた佇まいである。妻のローズや、弟のルネ（六九）も加わり、ひとしきり父親の懐旧談に花が咲いた。

一九八〇年に善次郎が九一歳で亡くなったとき、地元の新聞『レ・ヌーヴィル』は「最後の日本人一世逝く」と、大きく報じた。レオンが在りし日の善次郎の写真を見せてくれた。大きな耳をしている。私が「沖縄では、大きな耳は福耳といって長寿の相がある、と言われています」と言うと、レオンはうなずきながら笑った。

善次郎亡き後、長男のシャルルも逝き、いまは男兄弟のなかでは、一九二九年生まれのレオンが年長者である。一九五一年から大工の仕事をしていたが、一九六三年に木工所の工場を買収して独立し、つい最近まで現役だった。二〇〇二年に孫のチェリーに工場を譲り、いまは悠々自適の生活である。家の近くに、戦後、米軍が使い残したカマボコ兵舎のコンセット三棟がある。ここがレオンの木工所である。戦時中、南進する日本軍を食い止めようと、同盟国の米軍が同島に駐屯した。カマボコ兵舎は、その時の置き土産である。

父・善次郎のことについては、小林忠雄著『ニューカレドニア島の日本人』に詳しく紹介されている。それは「戦後、

米軍払い下げのコンセットを利用したレオン・ウイチの木工所

木工所で仕事するレオン

同島に戻ってきた三人の日本人の一人」だったからだ。同書によると上地が「ウエチ」ではなく、「ウイチ」と呼ばれるようになったのは「入国のときの係員の誤記が、そのまま通用している」ものだという。しかし、沖縄でも「ウイチ」と発音するので、あながち誤記とばかりも言えない。

善次郎は一八八九（明治二二）年、旧羽地村（現名護市）の仲尾次で生まれた。一九一〇（明治四三）年、二二歳のときニッケル鉱山の鉱夫募集に応募して、ニューカレドニア本島南部のティオに上陸。鉱山での仕事は長くは続かず、北部のパグメーヌというところに出て、クローム鉱山で働く。そこでお金を蓄え、沖縄の実家の負債と渡航の際の借金総てを返済。その後、南部の東海岸でトロカ（高瀬貝）の採取や、ヌメアに出て床屋の仕事をしたが、所詮は素人床屋でうまくいかず、再び北部のヤンゲンでコーヒーを栽培し、マガザン（雑貨店）をする。その後、ポネリウェンに移り、土地を借りて小さなホテルを始めた。

軌道に乗り始めたころに太平洋戦争となり、財産は総て没収。善次郎はオーストラリアの収容所に送られる。その時、レオンは一二歳、ルネはまだ四歳だった。当時のことをレオンは、いまでもよく憶えている。

「夜の一〇時ごろでした。フランスの憲兵が来て、連れて行ったのです。父は連れて行かれるのを、事前に知っているようでした。母親はそばで泣いていました」

オーストラリアの収容所に送られた善次郎は、戦後、強制送還されて沖縄に戻ってきた。その善次郎から「いい嫁さんを探したから、シャルルとレオンは沖縄に来るように」との手紙が来た。そのときのことをレオンは言う。

「しかし、そのとき私はもう結婚していて、子ども

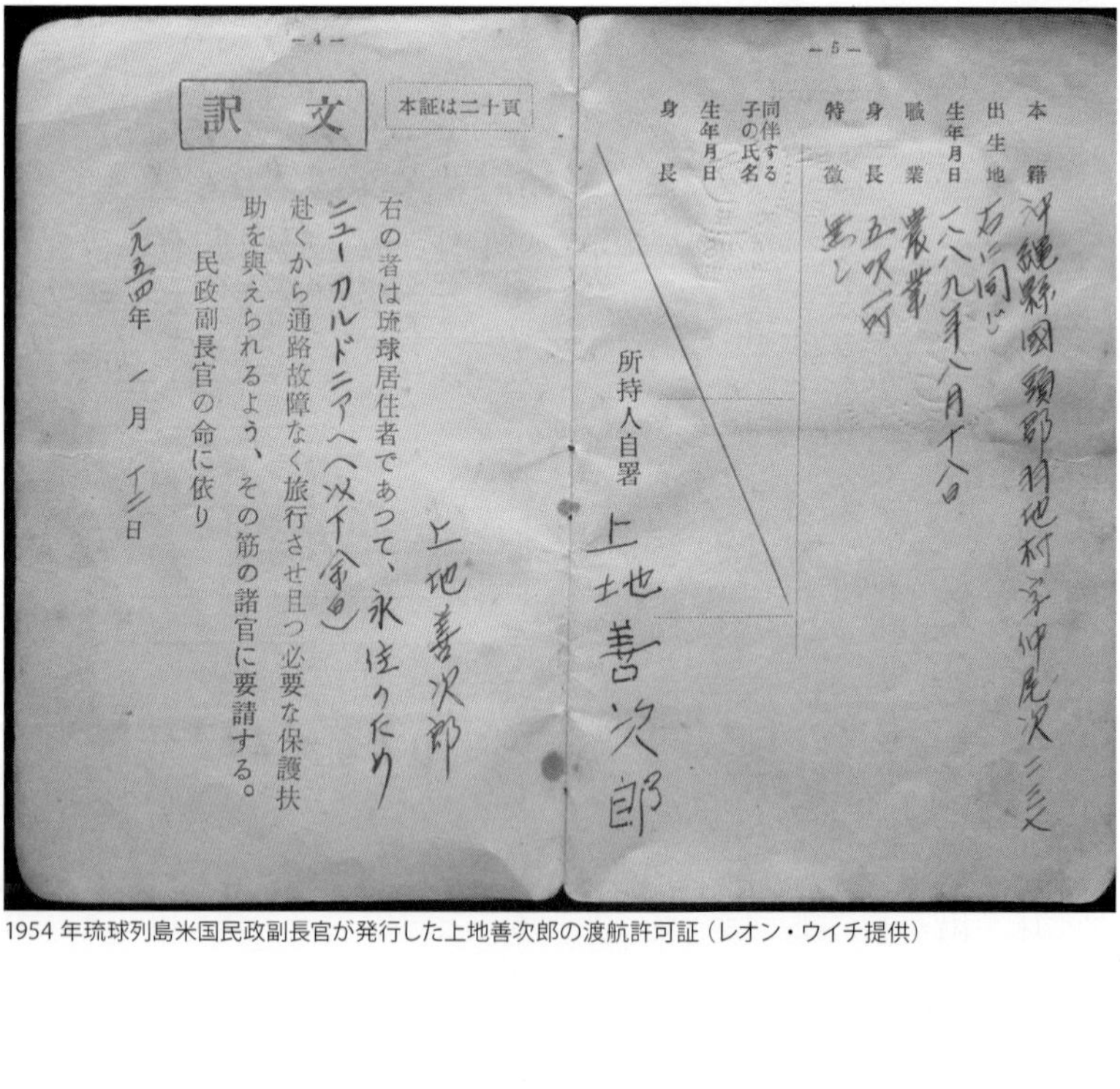

— 4 —

訳文

本証は二十頁

右の者は琉球居住者であつて、ニューカルドニアへ（永住のため）赴くから通路故障なく旅行させ且つ必要な保護扶助を与えられるよう、その筋の諸官に要請する。

民政副長官の命に依り

一九五四年 一月 十二日

上地善次郎

— 5 —

本籍 沖縄県国頭郡羽地村字仲尾次 二三三

出生地 右に同じ

生年月日 一八九九年八月十八日

職業 農業

身長 五尺一寸

特徴 無し

同伴する子の氏名

生年月日

身長

所持人自署 上地善次郎

1954年琉球列島米国民政副長官が発行した上地善次郎の渡航許可証（レオン・ウイチ提供）

1995 年に沖縄を訪問したウイチ家を中心とした人たち／本部町・海洋博記念公園（仲村春提供）

が二人もいたのです。そこで私たちが行くよりも、父を呼び戻そうということになり、兄弟が力を合わせて、飛行機賃の三万五千フランを作り、父を呼び戻したのです」

当時、東京からオーストラリアのシドニーを経由して、ヌメアに来る運賃である。長男のシャルルが奔走して集めたという。一四年間のブランクがあったが、善次郎はポネリウエンの二軒屋を買い戻した。実は戦争が始まるのを察知して、善次郎は二五ヘクタールの土地を、ある白人に売り「私がもし戻ったら私に売ってくれ」と約束をしてあったのだ。その白人は「善次郎が生きている間は、他人に売るわけにはいかない」と約束を守っていたという。

再びホテルを開いた。そのときつけた名前が「ナハシ・ホテル」である。現在は三男のポールの名義で、二女のマルセルが経営している。レオンは父の思い出としてこんなことを話してくれた。

「父は若いころ、よくバクチを打って、親から勘当されたそうです。ニューカレドニアに来てからも、私を連れてバクチを打っていました。そんなとき父は、おまえはこんなものやるんじゃない、と言ったものです。しかし父はそのバクチで、一六頭もの牛を手に入れ、牧場を始めたのです」

一九九五年一月、まだ健在だったシャルルをはじめ、兄弟何人かで沖縄を訪問、名護市古我知のいとこ・仲村春ら親戚と交流している。いま、島には善次郎の一三人の子、孫四八人、ひ孫一五五人余、その関係者を入れるとゆうに三〇〇人余になるとか。一大勢力が、大木のように大地に根を張っている。

レオンのいとこ・仲村春（左）と嫁の留美子（2011年／名護市古我知）

日本政府から贈られた父・上地善次郎の勲記

父の遺志つぎ「ナハシ・ホテル」を経営

マルセル・ウイチ

ニューカレドニア北部東海岸のポネリウエンに「ナハシ・ホテル」と看板を掲げた小さなホテルがある。部屋数は四室、日本で言えば、さしあたり民宿といったところ。しかし、この辺でホテルは珍しい。ホテルを切り盛りしているのは、マルセル・ウイチ（八二・当時）である。彼女は、羽地村（現名護市）出身の上地善次郎の二女。二世である。

村に入って、道を行く女性にホテルの場所を尋ねたら「ああ、それならそこの坂道を登って右だよ」と教えてくれた。少し高台になったところに、そのホテルはあった。柵の網目越しにホテルの看板が目に飛び込んできた。ここに来て「ＮＡＨＡＳＨＩ」の文字を見るのは、なぜか感動的である。

門を開けて中に入ると、沖縄の顔をしたおばあさんが出てきた。マルセルだ。沖縄の顔をしていても、ことばはフランス語。通訳を介してホテルの由来や現状などを、ホテルのレストランで聞いた。

敷地の中には、ホテルが二棟、レストランが一棟、それに孫たちと同居している自宅と、合わせて四棟が建っている。ホテルには土木工事の長期滞在者や、時おり行きがかりの観光客などが泊まるらしい。

マルセルは一九二四年に、父・善次郎とインドネシア系の母・ルーシーとの間に生まれた。一六歳のときに結婚したが、すぐに別れた。その後、那覇の出身で仕立屋をしていた玉城亀蔵と再婚。そのとき亀蔵は善次郎に「マルセルに日本名をつけてほしい」と頼んでいる。そこで善次郎は「キヨコ」とつけた。一九四〇年に長男・ジャック（日本名・俊蔵）が生まれ、四二年には長女のジャクリーン（サチコ）が生まれた。

マルセルの夫・亀蔵は、そのころクワのニッケル鉱山で働いていたが、戦争が始まり強制収容所に入れられ、オー

父・善次郎が戦後に建てた「ナハシ・ホテル」／1964 年頃（マルセル・ウイチ提供）

ストラリアに送られた。引き裂かれるように別れ別れになったマルセルは、船に乗ってポネリウエンに戻ってきた。すでに父・善次郎も収容所に送られ、そこにはいなかった。

戦後、日本に送還された善次郎は、一九五八年に子どもたちが力を合わせて呼び戻し、一九六四年からポネリウエンで再びホテルを開いた。ホテルの名を「ナハシ・ホテル」としたのはその時だ。沖縄の県都・那覇市から採ったのだ。

そこでマルセルは父に呼ばれて、ホテルの経営を手伝うようになる。が、そのときは、ホテルの名前の由来さえわからなかった。父が亡くなり、一九九五年に弟のレオンたちと初めて沖縄を訪れたとき、「ナハシ」が県都・那覇市であることがわかり、長年のなぞが解けた。

ホテルの経営は、一九九一年まで一人で切り盛りしていたが、その後は娘に譲る。しかしその娘も亡くなり、今は孫のグラジェーラが継いでいる。マルセルは、ウチナーアンマー（沖縄おばー）の血を引いているのか、八〇を越えても働かな

ナハシ・ホテルの看板の前でマルセル・ウイチ／ 2006 年 8 月

いと気が済まぬ性分である。

善次郎は生前マルセルに「自分が死ぬまでは，そばに居てくれ」と言い、仕事のやり方を細かく教えたという。善次郎は死ぬ二年前に、腐食しない堅い木で自分の入る棺桶を用意していた。一九七七年にカトリックの洗礼を受け「死ぬことは、怖いことではない」など、子供たちに話していたという。

善次郎が死んだその年の十月、日本の内閣総理大臣から「勲六等瑞宝章」がポネリウエンの「ナハシ・ホテル」に届けられた。マルセルはそれを父の形見として、大切にしている。八〇を過ぎた今でも「チャンスがあれば、また沖縄に行ってみたい」という。取材を終えてホテルを去るとき、マルセルは私が見えなくなるまで、門で見送っていた。私も車の窓からホテルが見えなくなるまで、手を振って別れた。

（追記）マルセルは二〇一六年三月、九一歳で逝去。遺体はホテル近くの墓地に父・善次郎の隣に埋葬された。

新城安森（ニューカレドニア政府公文書館提供）　　父・新城喜吉（同左）

洪水で亡くなった父

フェリックス・アラグシュク（左）

「家族を頼む」と言い残した父

ルイ・キキチ・アラグシュク（右）

チバウ文化センターで開かれた「日系人写真展」を、ルイ・キキチ・アラグシュク（六九・当時）の家族が見に来ていた。そこへ私が沖縄系二世・三世の取材をしていると聞いて「ぜひ親戚を探してほしい」と申し出てきた。その移民渡航者名簿の名前から新城喜吉であることがわかる。新城をアラグシュクと呼ぶのは、沖縄の古い呼び方である。ルイの姉のカナや、カナの娘のオディール、その妹のロズリンも一緒だった。ロズリンが、手にしていた祖父の複写の写真を私にゆだねた。

それから数日後、私は北部のポワンディミエの村に、あらためてルイの家を訪ねた。ルイは「私よりも兄の方が昔のことはよく知っているので」と言って、隣の家へ案内した。兄というのは、フェリックス・アラグシュク（八〇・当時）である。フェリックスは、初め自分の姓を「アラゴシキ」と発音していた。

地元作家のダニー・ダルメラックによれば「日系人の名前は、小さいときに耳から聞いたもので、実際の日本名とは一致しないものもある」というから、アラゴシキもその例であろう。ルイの姉のアンナがフェリックスの妻である。つまり二人は義理の兄弟である。フェリックスは、二歳のとき父親を亡くした。そこで、いとこであるルイの父親・喜吉が引き取って育てた。そんな幼い過去のことを彼はこう語る。

「父の名前は確かアモノと言っていた。バランドのル・ニッケル鉱山に来て、契約期間が終わって、メラネシアンの母と結婚した。父は沖縄で仕立屋をしていたらしく、ポワンディミエに来ても、その仕事をしていたことがある。小さな土地を持っていたが、それも戦争で接収された。父は一九二八年、川でおぼれて死んだ。私が二歳のときで、それからは喜吉に育てられた。だから父と言うと、喜吉を思い出すのです」

フェリックスはまだ幼かった。だから父のことは、よくは覚えていない。記憶に残る父の名前「アモノ」は、その後分かったことだが「安森」である。育ての親の喜吉は、ほとんど日本語を話さなかった。そのわけを訊かれた喜吉は「日本語はよくない。それを使うとスパイ扱いされ、みんなを不幸にする」と言っていたという。

一九四一年一二月八日の太平洋戦争を前にして、次第に雲行きがおかしくなってきた。日本人同士よく集まっては、ヒソヒソ話をしていた。いつの日かフランスが日本人を捕まえに来るのではないか、と覚悟をしていたらしい。そしてついに「その日」がきた。

「日本人はポワンディミエの警察署に出頭するように」との命令がきたのである。喜吉は息子のルイを連れて出頭した。すると警察官は「おまえ一人だ」と言って、息子のルイを帰すよう命じた。いとこの姉がルイを引き取って連れ帰った。警察署には、一〇〇人ほどの日本人が集められていた。

連行されるとき、喜吉はフランス人雇い主に「家族のものを頼む」と言い残している。そしてオーストラリアの収容所に送られた。喜吉は収容所から娘のカナに手紙を書いている。しかし、その手紙はカナの手元には届かなかった。手紙は戦後になって、収容所から発見された。ルイは言う。

「父は病気がちだったので、収容所で死んだのか、それとも無事に沖縄に帰って死んだのか、それが知りたいのです」と。

一方、フェリックスの方は、父の名義になっていた土地は取り上げられ、村の所有になった。やむなく戦後、ヌメアに出て左官の仕事をした。再びポワンディミエに戻ってきたのは一九六六年のこと。ここでも水道工事や建設の仕事に携わっていた。妻のアンナは二〇年も前に亡くなったが、子どもは男三人、女四人、それに孫が一三人もいる。フェリックスは最近の東海岸の動きを、次のように話した。

「いま、ポワンディミエに住むヤマモトという日系三世（注・福島出身）の方を中心に、東海岸の日系人会を来年にも作ろうじゃないか、という話が出ています。ヌメアにはアミカル・ジャポネーズ（日本親善協会）がありますが、私たちには敷居が高くてね。その点、東海岸には、メラネシア系が多いので、まとまりやすいのではないか」

東海岸には沖縄系が多いので、組織化が進めば沖縄系の二世・三世にとっても、好ましいことではないか。

（追記）フェリックスが話した「東海岸の日系人会」は、形を変えて二〇〇七年七月に「沖縄日系人会」として発足した。また、フェリックスは同年に沖縄県名護市に住む義姉・親川カナ（九九歳・当時）と初めて対面、その数年後二〇一五年に逝去。ルイも二〇〇六年の沖縄訪問の後、二〇〇九年に逝去した。（第四章一六五頁参照）

沖縄を語らなかった父

コーヒー栽培農家

マティ・オオグシュク

ニューカレドニアの北に、クマックという町がある。北部の拠点となる町だが、そこから東へ三〇分ほど車で走ったところに、沖縄系二世のマティ・オオグシュクが住んでいる。バナナの木や果樹のはえた農家である。

昼前に訪ねたら、マティは酒が入っていて、いささかご機嫌だった。なにを尋ねても、要領を得ない。少し離れたテーブルに腰掛けている子どもたちは、遠巻きにニヤニヤしている。嫁さんらしき女性が「いまは無理だね。これからひと眠りするから、その後にいらっしゃい」と言うので、夕方出直した。行ってみると、酔いもさめて、いい調子だった。

マティの父親の名は、オオグシュク・スエキチ。漢字を当てれば「大城末吉」とでも書くのだろうか。念のため明治期の三次にわたる契約移民の名簿と照合してみたが、大城姓の多い中で「大城末吉」の名は見当たらない。前掲の新城安森のような例もあるので「末吉」に似た名前を探すと、一九一一（明治四四）年の渡航組に豊見城村出身で「大城松吉」というのがある。名を「ショウキチ」とも読める。それを「スエキチ」と間違えたのか。しかし、マティは漢字が読めないので、確認のしようがない。

母親はイタリア人とフランス人の間に生まれた人。そのせいかマティの顔立ちは、これまで会ったメラネシアンを母親に持つ日系二世とは異なり、ヨーロッパ系の顔である。

マティによると、父親は二五歳のときに沖縄から来た。ゴロ鉱山の鉱夫である。この後も道路工事の仕事などをしていた。また、プエボで野菜作りなどもしていた。しかし、父親がいつ生まれて、いつ渡航したのか「妹が父のパスポートを持ってタヒチに行ってしまったので、よくわからない」と言う。タヒチもニューカレドニアと同じフランス

マティ・オオグシュクとその家族

領である。
　スエキチはニューカレドニアに来る前、沖縄ですでに結婚していて、二人の子どもがいたらしい。この島に来てから、一一人の子どもができた。男三人、女八人の大世帯である。農業をしていて、五ヘクタールの土地に、コーヒーなどを栽培している。コーヒーはここの特産の一つだ。
　しかし、例によって太平洋戦争で財産は没収され、フランスの憲兵が来てスエキチを逮捕。ヌメア近郊のヌーヴィル島の収容所に送られる。財産没収のとき、マティは近くのマガザン（雑貨店）の品物が略奪されるのを目撃した。大変な時代であった。
　スエキチは戦争が終わるまで、五年間もヌーヴィル島の収容所で暮らしていた。しかし、戦後になって、日本に強制送還されることはなかった。マティはそれが「なぜだか、よくわからない」と言う。おそらくは、妻の母親がイタリア人とフランス人との間に生まれたことによるのであろう。日本と同じ「敵性国民」だったドイツやイタリア人は、戦争が終わると強制送還されることなく、再びニューカレドニアに戻されているからだ。

戦後、マティは鉱山で仕事をしたり、車の運転手をしたりして、いまの四二ヘクタールの土地を買い戻した。農場では息子たちと共に、バナナなどの熱帯果樹を作っている。彼は最後にこう語った。

「とにかく父は、沖縄のことについては、ほとんど何も話していないし、私たちも聞かされていない。まあ、いまさら沖縄に行こうとも思わないがね」と。

沖縄系の沖縄への思いも、人さまざまである。どうやら彼にとって、この島が「天国にいちばん近い島」なのかもしれない。

（追記）その後、二〇一六年六月、スエキチの孫が、祖父の名前を「マツキチ」と記憶していることが分かり、一九一一（明治四四）年渡航の旧豊見城村座波出身の大城松吉であることが判明した。

祖父・座安正春（レンヌ＝マリー・シュノー提供）

光子の名を持つザヤス家の三世

州議会議員で活躍する

レンヌ=マリー・シュノー

「日系人写真展」のオープニングパーティで、ニューカレドニア南部州議会の議員をしているレンヌ＝マリー・シュノーに会った。夫のクリスチアンも一緒だった。彼女は日系人の間ではよく知られた人で、座安は一般には、「ジャアンさん」として親しまれている。沖縄系の三世だ。

「ジャアン」の呼び名も、父親のジャアン・ヴィクトールからきたもので、元々は沖縄姓の「座安」がなまったものである。彼女は大柄な女性で、いかにもキャリア・ウーマンらしい出で立ちである。

一九八九年にダンベアの市会議員になり、二〇〇四年には南部州の議会議員に、さらに翌年には政府議会の議員になった。沖縄系ではトップクラスの社会的地位にある。特に社会福祉や住宅、健康、さらには公共土木などの分野で活躍し、多忙な毎日だ。インタビューを申し入れたら「時間が作れないので、パーティーの合間を縫ってやりましょう」ということになった。

レンヌ＝マリーは、一九四九年にヌメアで生まれた。沖縄系は北部の東海岸に多いが、三世・四世ともなると地方から出てきて、ヌメアで働く人も増えている。しかし、彼女のように生まれも育ちもヌメアというのは、沖縄系の人のなかでもそう多くはあるまい。これまで見てきた先住民・カナック社会の中で生きてきた沖縄系とは、およそ生活環境を異にしている。

彼女の父・ヴィクトール・ジャアンは、この島にやって来た一世・座安正春の二男。一八七七（明治一〇）年に豊見城間切で生まれた正春は、一九一〇（明治四三）年、二八歳のときにニッケル鉱山の労働者として出稼ぎに来た。四年間の契約を全うしたかどうかは定かではないが、後に鉱山を出てメラネシアンと結婚。そして二人の間には、カミーユとジョンとヴィクトールの一女二男が生まれた。

一九四一年に太平洋戦争が起き、正春は逮捕されオーストラリアの収容所へ。しかし、妻子は島の生まれのため残され、家族は引き裂かれた。長男のジョンはフランス軍に入隊。入隊した日系人の多くがそうであるように、父親の立場が少しでも有利になるように、という思いからだった。

その後、正春は収容所で死去。ジョンも兵役を終えてフランスから帰国する直前に他界した。姉のカミーユは結婚して一三人の子宝に恵まれたが、ヴィクトールは妻のリバルとの間に一人娘だけであった。それがレンヌ＝マリーだ。

祖父・座安正春と子どもたち
右端がレンヌ＝マリーの父・ヴィクトール・ジャアン

幼少の頃のレンヌ＝マリーと両親（レンヌ＝マリー提供）

レンヌ＝マリー（左）と両親。後方はまたいとこの座安弘／1985 年那覇の座安家（座安直美提供）

「父は私に、光子という日本名を付けてくれたのですよ。でも、その名前はほとんど使いませんでしたけど……」

そう言って彼女は、クスリと笑った。その代わり、子どもにはススム（進）、孫にはダイ（大）とカイ（海）がいる。日本の友人が付けてくれたという。彼女は、その日本名が自慢そうであった。

彼女によると、座安がジャアンになったのは、父が中国に立ち寄ったとき、中国人の出入国管理官が、座安のZAを間違ってJAにしたものが、そのまま定着してしまったらしい。しかし、沖縄では「ジャヤス」と発音することも多いので、間違われたとしてもむりはない。

一九八五年に彼女は、夫と一緒に沖縄を訪れている。一九七九年に「アミカル・ジャポネーズ」（日本親善協会）が発足した時、初代会長をしていた長老のアンドレ・中川から、祖父・座安正春が沖縄出身だということを知らされる。それまでは祖父のことは聞かされていなかった。ヴィクトールが正春の旅券を見せて、確認したという。一九八五年の沖縄旅行にはヴィクトールも同行している。

座安の一族と初めて会い、家族の一員として迎えられた。後に琉球放送の社長をしている座安弘は、祖父同士が兄弟で、レンヌ＝マリーとはまたいとこになる。弘はレンヌ＝マリーたちを自宅に泊めて親交を深めている。

「行ってよかったわ。沖縄の風景は、こちらとよく似ているわね」と懐かしがる。二〇〇六年一〇月の「世界のウチナーンチュ大会」開催のことを聞いて「私はいま、とても忙しい。急なことなので今年の参加は無理。でも、五年後には沖縄系の人たちでグループを作り、必ず行けるようにしたい」と意欲的だった。彼女の心の中で、ウチナーンチュ意識が、急速に膨らんでいくのを感じた。


（追記）レンヌ＝マリーは二〇一一年一〇月の第五回「世界のウチナーンチュ大会」に夫のクリスチアンと共に参加。那覇市松川の座安家に泊まって座安弘らと交流した。その後、弘は二〇一二年七月に病気で他界。妻の直美が夫の愛用していた腕時計をクリスチアンに形見として贈った。クリスチアンは「血のつながりのない自分を家族として迎えてくれた」と弘の死に涙した。二〇一六年の第六回大会には、前夜祭パレードに先頭に立ったレンヌ＝マリーたちと共に、座安の家族も参加した。

今も残る「NANZATO 商店」ビル

ヌメアにいた戦前の回想

並 里 豊 子

二〇〇六年七月末、ニューカレドニアの首都・ヌメアに着いた翌日、私は一枚の写真を手にヌメアの繁華街に、ある家を探して出かけた。戦前、ヌメアにあったという「NANZATO」商店の写真である。四つ角に建った二階建てに横文字の看板がローマ字で書かれ、窓はコロニアル風の瀟洒なつくりである。「ナンザト」は、沖縄の姓で「並里」と書く。戦前、ヌメアの繁華街にあり、日系人にはよく知られていた。建物の中にはレストランや理髪屋などもあり、日系人が出入りしていた。地方からヌメアに出てきた沖縄の人たちが、一時的に宿泊して世話になった家でもある。

ニューカレドニアに行く前、私はヌメアで生まれ育った糸満市に住む並里豊子（七七・当時）を訪ね「ナンザト」商店の話を聞き、写真などを見せてもらった。そのとき、豊子は「昔のお店の建物が、いまも同じところにあるそうですよ。大きなカトリック教会を真っ直ぐ海に向かって下りていけば、探せるはずですよ」と、教えてくれた。

複写した写真を頼りに、まずヌメアの丘の上にある教会に向かった。この教会はセント・ジョセフ大聖堂といい、一八九四年に建てられた古いもので、ヌメアのランドマークにもなっている。ここからはヌメアの中心街が一望できる。繁華街もココティエ広場も、手に取るように見える。

大聖堂に案内してくれたロベール・ミッシェル（日本国名誉領事・マリー＝ジョゼ・ミッシェルの夫）は、私が「昔の家を探している」と言うと「そんな昔のものは、もうないでしょう」と悲観的だ。しかし私は、あきらめ切れなかった。一枚の写真を手に、ロベールと別れて繁華街に下りていった。

写真と似通った構えの建物がいくつもあったが、窓のつくりが違っていたり、軒が違っていたりした。先祖がヌメアに来て百年になるというあるベトナム人の仕立て屋で尋ねると「市役所に行って聞くといい。あそこなら昔のことを知っている人がいるはずだから」と言う。日本の役所のことを考え、あまり気乗りしなかったが、せっかくだから、とにかく行ってみることにした。

市役所の新庁舎は、タクシー乗り場のある広場近くにあった。その広場を通って、十字路を横切ろうと向かいの建物に目をやったとき「あっ、あれだ」と思わず声を上げた。手元の写真を見ると、ペンキの色こそ変っているが、まぎれもなく「ナンザト」商店の建物である。

戦前の「NANZATO」商店（並里豊子提供）

現在の並里商店の建物。今は銀行支店になっている

現在はフランス系銀行「ソシエテ・ジェネラル」のマルシェ支店になっていた。二九歳の若い副支店長のザビエル・ビダラに聞くと「八年前から支店として使っているが、その前のことはよくわからない」とのこと。「これは戦前からある建物だ」と私に聞かされて、彼の方が驚いていた。それにしても、よく残っていたものだ。隣は火事になったり、反対の並びは大きなビルが建ったりしているが、ここだけは変っていなかった。

「ナンザト」商店は、島尻郡高嶺村（現糸満市）出身の並里亀が開いた商店である。亀は一八九〇（明治二三）年に高嶺で生まれ、一九一一（明治四四）年に沖縄から三回目の移民船・八幡丸でニューカレドニアに渡航している。ニッケル鉱山やその後の動静についてはよくわからないが、亀は大正の末に、同じ高嶺出身の並里ノブと、写真見合いで結婚している。ノブが神戸港を出るときの「外国旅券下付表」によれば、ノブの出航は「大正一五年七月から九月にかけて」とある。ノブはこの年、二〇歳であった。「旅行目的」には「夫ノ呼ビ寄」とある。

見合いのときの写真が、いまも豊子の家に残されている。フランス人かと見まがう目鼻立ちの整った糸満美人である。背丈が一六三センチもあったというから、当時としては大柄な女性である。

亀とノブの間には、一九二七（昭和二）年に生まれた長男の亀蔵を頭に、一〇人の子どもが生まれた。いずれもヌメア生まれである。豊子は一九二九年に二番目に生まれた長女。彼女の話によると、「ナンザト」商店の建物内には、レストラン、理髪屋、雑貨屋などがあり、二階は貸していた、という。

ノブは田舎の人たちが持ってくる野菜を売ったり、パンを焼いて商いをしていた。亀は貿易の仕事も手がけ、羽振りがよかった。時々は日本領事館のパーティーに顔を出すなど交際も広く、人望もあった。一九三〇（昭和五）年頃

ヌメアのナンザト家の家族／1930 年（並里豊子提供）

に写した家族写真が残っている。蝶ネクタイの亀、帽子に靴をはいたフランス風のノブ、そのひざの上には一歳になる豊子が座っている。右端にはメラネシアンの子守の女性が立っている。中流かそれ以上の暮らしぶりである。

しかし、ヌメアでの幸せは、長くは続かなかった。一九三八（昭和一三）年に、亀が病で亡くなったのだ。葬式の日、お店の前に乗用車がズラリと並んだ。残された葬儀の写真が、亀の人望と、商売の隆盛を忍ばせている。商店の経営から子どもたちのことまで、全てがノブの肩にかかってきた。さらに三年後の一九四一（昭和一六）年十二月に太平洋戦争が勃発し、「ナンザト」商店が没収された。そのうえノブたち家族は逮捕され、翌年二月にオーストラリアのタツラ収容所に送られた。そのとき豊子は一二歳。

収容所では一日中編み物をし、それを買い上げてもらった。また、収容所内の教室に通って、日本語を習ったりした。豊子の記憶では「長屋に仕切られた部屋に、幾世帯かが入居し、朝の食事は自分たちで作り、男たちは収容所内で働いた。女の人は畑を作ったりした」といい、「周りはフェンスに囲まれていたが、中は比較的自由だった」ともいう。

収容所には四年間暮らした。敗戦の翌年（一九四六年）の一月一五日に、オーストラリアから日本に強制送還され、ヌメアに戻ることは許されなかった。収容所から連れていかれるとき、ノブは信玄袋の下にポケットのような袋を作り、お金を忍ばせて持ち帰った。生きるための知恵である。

埼玉県で逗留した後、この年九月三〇日に沖縄に引き揚げてきた。ふるさとは一面焦土と化し、ゼロからの生活がはじまった。豊子はヌメアで覚えたフランス語と、オーストラリアで覚えた英語を活かして米軍基地内で働き、戦後を生き抜いた。母のノブは九九歳のカジマヤー（沖縄の生年祝い）まで生き、長寿を全うした。

戦後、豊子は、幾度かニューカレドニア政府に没収財産に対する補償を要求したが、返事はなかった。彼女はそれが今でも悔しそうだった。

歴史に「もしも……」はないが、それでも、もしも戦争が無く収容所に送られなかったなら、豊子は今頃、ヌメアの「ナンザト」商店の女将として、フランス語を話しながら、他の日系二世と同じように暮らしていたことだろう。現役を退いた豊子はいま、ヌメアの幼友達から毎年送られてくるフランス語のクリスマスカードを、老後の楽しみにしている。昔日の「ナンザト」商店に思いを馳せながら……。

余録

苗字の読み方にも沖縄系の歴史

二〇〇六年に初めてニューカレドニアに取材に行って戸惑ったのは、沖縄系の人たちの名前の呼び方であった。第二章で紹介した人たちの名前を見てもわかるように、アラグシュク、タマグシュク、オオグシュクなどのように、昔の沖縄の古い呼び方が残っている。

二〇世紀の初頭（明治末）に彼の地に渡った沖縄の一世たちは、グスクあるいはグシュクという呼び名で通っている。それが化石のように残っているわけである。沖縄では戦後になり、多くがグシュクをシロと発音するようになる。大城もオオグシュクではなく、オオシロと呼ぶようになる。新城、宮城なども同様であるが、向こうでは変わることがなかった。そのことは沖縄との長い断絶を物語るものである。

また、二世、三世たちは、漢字が読めないので、親の名前といえども「耳伝え」である。したがって名字の読み方も、微妙に変化している場合が多い。例えば上地はウイチと呼んでいるが、これはまだ分かりやすいほうで、フェリックス・アラグシュクなどは、はじめ「アラギュウスキイ」と発音して私を戸惑わせた。レンヌ＝マリー・シュノーの祖父（一世）は、旧豊見城村出身の座安正春だが、その息子はジャアンの愛称で呼ばれていたそうだ。座安を沖縄ではジャヤスと発音することから「ジャアン」と呼ばれたのだろうが、このようにウチナーグチに引きずられて発音する例はまま聞かれる。池原がイキハラになったり、末吉がスイシと呼ばれたりしているのは、そうした例と言えよう。

もう一つは、姓と名前が入れ替わっている場合があることだ。そのいい例が、沖縄日系人会の初代会長のジャン＝ピエール・ゼンコロウである。この場合、ゼンコロウが姓である。一世の祖父・玉城善九郎のゼンクロウが訛ってゼンコロウとなり、姓と名が入れ替わった。どうしてこのようなことが起きたのか。多分、入国時の手続きの記載ミスで、ファーストネームとファミリーネームが入れ替わったのでは、と言われている。このためジャン＝ピエールの兄弟は、みな「ゼンコロウ」である。「ゼンコロ」と表記されることもあるが、いずれにしても善九郎の名前から来ている。同じように一世移民・宮城恒基の一族も「コーキ」（あるいはコキ）である。

二〇〇六年以後の沖縄との交流の中で、自分たちの姓が明らかになるにつれ、この際、改姓しようとするケースも出てきた。ジャン＝ピエールがそうだ。彼はゼンコロウをタマグシュクに改めようと、ニューカレドニアの当局に掛け合ったらしい。ところが簡単ではなかった。やれ証拠を出せだの、裁判所で証人の証言が必要だと言われて、あきらめている。何十年と使ってきた今の姓を変えて、かえって混乱することもあろう。名は体を表す、というが、こうした名前の読み違えや読み方にも、ニューカレドニアの沖縄系の複雑な歴史が表われていると言えそうだ。

ニューカレドニア・沖縄交流アルバム
まぶいの架け橋

初めてニューカレドニアを訪問した稲嶺進名護市長（中央）の「クチウム」を見守る村人や沖縄芸能団（手前）
（2010 年7月、ポワンディミエの市民広場）

北部東海岸のチャンバ川河口に完成した「メゾン・ド・オキナワ」（沖縄の家）を望む（右端）

沖縄系・家族の肖像

沖縄から宮城恒基（沖縄市）の孫の喜屋武光子らを東海岸プユの屋敷跡に案内したコーキ家のまたいとこたち（2010年10月、プユ）

名護市屋我地出身の松田幸三郎の長男・幸吉（中央背広）を囲んで義姉のルーシー、ルイーズの家族たち(2009年11月、モンドール公園での歓迎会)

豊見城市出身の座安正春の孫・レンヌ=マリー（左）と孫たち。右は夫のクリスチアン（2016年8月、ダンベア）

糸満市出身の金城次郎の子ども・ジロウ（右から2人目）の家族（2007年、ダンベア）

豊見城市出身の大城松吉のひ孫たち（2016年8月）

名護市屋我地出身の末吉業徳の孫・ヤニック・サクモリ（前列右端）とその家族。左端は夫のギー（2008年）／サクモリ提供

紅型の打掛けを着たマルセル・ウイチ（中央）とその家族（2011年11月、ポネリウェン）

名護市親川出身の新城喜吉の娘・カナ・オブリー（白服）と子どもたち（2016年10月、親川の父親の屋敷跡）

名護市屋我地出身の玉城善九郎の孫たち。左端は「沖縄日系人会」初代会長のジャン＝ピエール、中央は次男で3代目会長のレオポルド（2012年11月、「メゾン・ド・オキナワ」）

名嘉村加那の孫のライサ（中央）とその子供たち（ネヴァオの「メゾン・ド・オキナワ」）

うるま市屋慶名出身の名嘉村加那の子ども・ルイ・ナカムラ（中央）の子や孫たち（2016年8月、ウエグア）

訪問団そして交流

「沖縄日系人会」設立総会で、訪問団に歓迎のあいさつをするレオン・ウイチ（2007 年 9 月、ネヴァオの集会所）

「沖縄日系人会」の設立総会に参加した沖縄ニューカレドニア友好協会第1次訪問団（2007 年 9 月、ポネリウェンの「ナハシ・ホテル」）

義姉・親川カナ（９９歳、前列左）と初めて対面したフィリップ・アラグシュク（同右）（2007 年 11 月、名護市の福祉施設で）

第１次訪問団と日本親善協会との交流会（2007 年 9 月、ヌメア）

ジャン＝ピエールのギターに合わせ、合唱する訪問団の人たち（2007 年 11 月、「しゃんぐりら」）

「日系人写真展」フィナーレのパーティーに参加したニューカレドニアの訪問団（2007 年 11 月、沖縄南城市の「しゃんぐりら」）

交流の拠点「メゾン・ド・オキナワ」の完成

「メゾン・ド・オキナワ」（沖縄の家）の落成を祝い伝統舞踊を舞うカナックの人たち

「メゾン・ド・オキナワ」（沖縄の家）の落成を祝うポワンディミエの中学生たち（ネヴァオ）

第２次訪問団の表敬で歓迎のあいさつをするポワンディミエのネアウティン市長（2009 年 11 月、ネヴァオ集会所）

大勢の村人が参加した「メゾン・ド・オキナワ」（沖縄の家）の祝賀パーティー

ゴロ鉱山跡の視察に向かう第２次訪問団（2009 年 11 月、南部ヤテ近郊）

第２次訪問団の歓迎会で川井民枝の沖縄舞踊に見入る村の人たち（2009 年 11 月、ネヴァオ集会所）

日本人移民 120 年祭・第 3 次訪問団派遣

友好協会の第 3 次訪問団の結団式であいさつする玉城勝夫会長（左端）（2012 年 7 月、那覇空港ロビー）

120 年祭に合わせて行われた合同慰霊祭（ティオの日本人墓地）

日本本土からも参加した「日本人移民 120 年祭」（ティオの集会所）

訪問団の「クチウム」の準備をする関係者（2010 年 7 月、ポワンディミエの市民広場）

屋我地中学校と交流したポワンディミエの中学校を表敬訪問した稲嶺進名護市長（中央）（2012 年 7 月）

ポワンディミエ中学校の全生徒にエイサー太鼓を披露する古武道太鼓集団「風之舞」の演舞（2012 年 7 月、レイモン・ヴォティエ中学校）

「メゾン・ド・オキナワ」（沖縄の家）で第 3 次訪問団の司会をする福元ゆかり（左端）

地元の歓迎式に臨んだ稲嶺市長（手前左）と比嘉祐一議長（左から 2 人目）（ポワンディミエ）

沖縄から持参したシーサーの除幕をする玉城勝夫会長（左）と稲嶺名護市長、手前はイヴァン沖縄日系人会会長（2012 年 7 月、メゾン・ド・オキナワ）

「世界のウチナーンチュ大会」への参加

第5回大会パレードには、ポワンディミエのネアウティン市長やムレ教育長、ミッシェル日本国名誉領事らも参加した（2016 年 10 月、那覇）

第 4 回大会にニューカレドニアから初めて参加したオブリー家の人たち（2006 年 10 月、沖縄コンベンションセンター）

第5回大会の前夜祭で国際通りを市民の歓迎を受けパレードするニューカレドニアの人たち（2011 年 10 月、那覇）

車イスに乗ってパレードする 89 歳のカナ・オブリー。三度目の参加で、これが最後となった（2016 年 10 月、那覇市国際通り）

第6回大会の前夜祭パレードにそろいのユニホームで参加した人たち（2016 年 10 月）

第6回大会の閉会式で盛り上がる参加者たち（2016 年 10 月、セルラースタジアム那覇）

第 5 回大会のグランドフィナーレ
（2011 年 10 月、セルラースタジアム那覇）

第5回大会の開会式に参加した沖縄系の人たち（2011 年 10 月、セルラースタジアム那覇）

追悼
在りし日に

幼な友だちのマルセル・ウイチ（右）とカナ・オブリー。
マルセルは2016年3月に、カナは2017年3月に他界。
（2012年7月／ポワンディミエのイヴァンの家）

レンヌ=マリー・シュノー（左から2人目）のまたいとこ座安弘（左から3人目）は2012年7月に他界。
（2007年11月、南城市「しゃんぐりら」）

うるま市の中村薫（右端・名嘉村加那の孫）は、2013年に他界。伯母のビィクトール・ナカムラ（右から2人目）を姉妹で歓迎した。（2012年7月、うるま市）

三線を弾くポーズをとるフェリックス・アラグシュクは、2015年他界。（2007年11月／読谷村の琉球村）

宮城恒基の孫の故・小渡ハル子（右から2人目）は、初めて会った恒基の孫のエミリアンを本家に迎えた。
（2011年10月／沖縄市の外間家）

第三章

多民族社会の形成と日本人移民

Chapitre 3 Immigrés japonais et formation d'une société pluriethnique

Comme nous l'avons vu dans le chapitre 2, une grande partie des descendants d'immigrés japonais de Nouvelle-Calédonie savaient que leurs origines se trouvaient à Okinawa, mais pendant de longues années après la guerre, ils se sont retrouvés confrontés à la question de leur identité car ils n'étaient pas en mesure de remonter le fil de leurs racines. Comment en est-on arrivé à une telle situation ? Pour le comprendre, il est nécessaire de connaître l'histoire de la formation de la société pluriethnique de Nouvelle-Calédonie, et tout particulièrement le rôle qu'y ont joué les immigrés japonais.

Jusqu'au milieu du XVIIIe siècle, la Nouvelle-Calédonie était un monde inconnu des sociétés européennes, peuplé exclusivement de mélanésiens majoritairement kanaks. C'est après la révélation de son existence en Europe de l'Ouest par le capitaine Cook en 1774 que de nombreux explorateurs et missionnaires ont commencé à s'y rendre. À cette époque, les puissances impérialistes étaient en compétition pour accroître leur hégémonie. La France s'est emparée de l'île de Grande-Terre par la force et en a fait une colonie pénitentiaire dans laquelle elle envoyait ses exilés. De nombreux prisonniers de la Révolution française y ont été déportés.

Ce qui a changé le cours de l'histoire de la Nouvelle-Calédonie, c'est la découverte de nickel par l'ingénieur des mines Garnier, détaché par la marine française en 1864. Initialement, l'extraction minière était assurée par les bagnards et les autochtones Kanaks. Mais rapidement, une main-d'œuvre plus importante est devenue nécessaire, entraînant l'introduction de travailleurs vietnamiens et indonésiens.

Peu après, les exploitations minières ont commencé à embaucher également des travailleurs japonais. En 1892, 600 hommes originaires de Kumamoto ont été envoyés en qualité de mineurs avec un statut d'émigrant contractuel pour une durée de cinq ans. Mais ceux-ci, insatisfaits par leurs conditions de travail, se sont enfuis les uns après les autres. Treize ans plus tard, les mines se sont tournées vers les travailleurs d'Okinawa, embauchant à partir de 1905 un total de 821 personnes en quatre vagues successives. Le recrutement visait à la fois l'île principale d'Okinawa et les îlots de sa proche périphérie, mais c'est surtout dans la partie nord de l'île principale que les travailleurs ont répondu présent.

L'extraction minière était réalisée en haute montagne, là où les ressources en nickel étaient les plus importantes. Mais, supportant mal les ascensions pénibles qui leur étaient imposées, de nombreux mineurs se sont mis à déserter. Changeant régulièrement d'emploi et de région, ils se sont progressivement installés dans le nord de la côte orientale, où ils se sont implantés durablement en se mariant avec des autochtones Kanaks ou des métisses. Ils se sont reconvertis dans des métiers comme la pêche au troca, la culture agricole ou bien encore la gestion de magasin, et se sont mis en rapport avec leurs compatriotes originaires d'Okinawa.

Mais suite à l'entrée en guerre des États-Unis consécutive à l'attaque de Pearl Harbor par l'armée japonaise en 1941, la France, pays allié, a procédé à l'arrestation des japonais de Nouvelle-Calédonie et les a déportés dans des camps situés en Australie. Leurs biens ont été confisqués. Leurs femmes et leurs enfants se sont retrouvés à la rue. Les familles ont été déchirées et les foyers détruits.

À leur sortie des camps en 1946, les japonais ont regagné le Japon. Les originaires d'Okinawa sont rentrés dans leurs villages natals réduits en cendres, pour ne plus jamais remettre les pieds en Nouvelle-Calédonie. Pendant des décennies après la guerre, il n'y a eu aucun contact entre les deux mondes. Les descendants néo-calédoniens des déportés japonais ont vécu l'après-guerre dans la vaine attente du retour de leurs pères et grands-pères.

(Traduction française : Miguel Dals & Alexandre Paccalet)

二つの顔を持つ島

沖縄系移民のことに入る前に、ニューカレドニアの歴史、とりわけ多民族社会形成の歴史と日本人移民の関係について紹介しておきたい。

ニューカレドニアはフランス名を「ヌーベルカレドニー」という。南太平洋オーストラリアの東とニュージーランドの北の交差するあたりに位置し、主島のグランドテール島をはじめ、ウベア、リフー、マレ、イルデパンなどいくつかの離島で構成されている。

島というから、小さな島を想像するが、面積は日本の四国とほぼ同じである。南半球の南緯二〇度~二二度に位置し、北半球の沖縄とほぼ同じ緯度にある。このため気候も沖縄に似た亜熱帯性気候である。ただし沖縄と季節は逆で、沖縄が夏の時、ニューカレドニアは冬である。時差は二時間で、ニューカレドニアが早い。沖縄が一二時ならば、向こうは午後の二時である。

主島のグランドテール島は、南北四〇〇キロ、東西約五〇キロの大きな島である。四〇〇キロといえば、沖縄本島の那覇から石垣島までの距離である。島は南北に長く、やや西向きに傾き、東に傾いている沖縄とは対照的である。島の南北を、やや東寄りに一〇〇〇メートルから一五〇〇メートル級の山々が縦走している。

この山脈のおかげで、島の東海岸と西側とは異なる生態系が見られる。これは島の東西で年間の降雨量が大きく異なるからだ。ちなみに年間平均雨量は東海岸が二六八〇ミリ、西側が一〇二〇ミリで東海岸側は、西側の二倍以上の

熱帯植物の茂るニューカレドニア本島北部東海岸

降雨量である。この降雨量の差が、島の生態系を二分することになる。東海岸側は、ヤシの木や熱帯植物が繁茂しているのに対し、西側は草原地帯でわずかにユーカリに似たニアウリという低い樹木が生えているくらいだ。

世界自然遺産に登録された島を取り巻く広大な環礁は、美しい海洋景観を育み、三〇〇〇種もの植物が島を彩っている。沖縄と似た植生も多く、時に沖縄に居るのかと錯覚することもある。異なる二つの生態系は、この島の文化や文明とも関係しているように思える。

それにしてもこの島、よくよく沖縄に似ている、と思ったものだ。

「おや、ここはほんとにニューカレドニア?」

私は東海岸の村々を歩いていて、しばしばそんな錯覚に陥ったものだ。また、ヌメアの白っぽいまちのたたずまいといい、白いリーフに囲まれたさんご礁の海、沖縄でもよく見かける植物などなど。戦前、ここに来た沖縄人は、どんな思いでこれらの植物や、風景を眺めたであろうか。さぞや、郷愁をかきむしられる思いであったに違いない。

このようにニューカレドニア本島の生態系は、二つの顔を持っているが、実は、この島の人間社会にも、二つの顔がある。一つは先住民族のメラネシアの顔、もう一つはフランスの顔である。メラネシアの顔といっても、その中にはベトナム系や日系人も入っており、フランスの顔にしても、イタリア系とかさまざまである。が、大きく分けると、二つになろう。

人口一七万のうちメラネシア系が四四％、フランス系が三四％というから、ほぼ半々である。フランス人は人口一〇万のヌメアに集中し、「プチパリ」と言われるくらい、フランス化している。しかし、ヌメアを一歩外に出ると、そこはメラネシアンの世界である。

フランスの流刑植民地から鉱山の島へ

ニューカレドニアの人口二七万人のうち、首都のヌメアに四四％が集中

低木の牧草地帯のニューカレドニア本島西部

している。ヌメアはフランスの植民地支配が作り出した都市で、コロニアル風の建物が残る瀟洒な街である。ヌメアの中心街のココティエ広場の後方の丘には、一八九四年に建造された高さが二五メートルもあるセント・ジョセフ大聖堂が建ち、眼下の美しいモーゼル湾を見下ろしている。大聖堂はヌメアのランドマークだ。

ココティエ広場では、ロングドレスのような「ミッションローブ」と呼ばれる民族衣装の女性たちが、ゆったりと歩いている。その名が示すように、もともとはフランスからきた宣教師（ミッション）たちが勧めたドレスらしいが、今では民族衣装として定着している。

ヌメアはフランス人のリゾート地でもある。一九六九年に森村桂が書き、後に映画化もされた『天国にいちばん近い島』で、日本でも知られるようになった。その後、年間数万人もの観光客が訪れるようになったが、それまではほとんど知られることもなかった。

民族構成は先に紹介したように、先住民のメラネシアン、フランス人などのヨーロッパ系、ベトナム系、インドネシア系、日本系などで構成される典型的な多民族社会である。メラネシアンは先住民のカナック人がほとんどである。カナックとは、太平洋の島々に多い先住民の「カナカ」の呼称からきている。

では、どのような歴史を経て、このような多民族社会が形成されたのだろうか。それをたどることは、ニューカレ

セント・ジョセフ大聖堂からモーゼル湾を望む／ヌメア

ヌメア中心街のココティエ広場の人たち

ドニアの移民史を顧みることでもある。

先住民のカナックの文化は、オーストロネシア語族に属するメラネシアンの文化である。一七七四年にイギリス船レゾリューション号でキャプテン・クックが来て、ヨーロッパ社会に知られるようになるが、それまでは南太平洋ののどかな島であった。西欧世界に知られるようになると、探検家や貿易商がやってきた。一八四三年にはフランスの宣教師団も来るようになる。

時代は帝国主義の全盛期で、西欧列強による後進国への占領合戦が展開されていた。産業革命を経た西欧列強の資本主義国が、資源の確保と市場をもとめて海外へと進出した。

イギリスはインドやオーストラリア、シンガポールへ、フランスはアルジェリアやベトナム、ニューカレドニアへ、ドイツはミクロネシアやインドネシアへ、オランダは台湾やインドネシアへ、ポルトガルはブラジルへ、スペインはフィリピンやメキシコ、ペルーへ、アメリカはハワイやフィリピンへと、略奪と侵略をほしいままにした。

侵略した地域では、地下資源の確保や、プランテーションによる単一作物が栽培され、本国に吸い上げられていった。地下資源でいえば、メキシコやオーストラリアの石炭、作物ではハワイやミクロネシア（旧南洋群島）のサトウキビ、ブラジルのコーヒー、フィリピンのマニラ麻などがすぐに思い浮かぶ。

こうした地下資源の開発や、プランテーションの開拓には、大量の労働力を必要とした。しかし、そうした労働者を自国では確保しきれない。そこで人口の稠密な地域や他国から移民を導入することになる。労働力の国際的な需要と供給の関係が起こり、国境を越えた人口の流動化が起きる。こうして一九世紀末から二〇世紀初頭にかけて、日本からも大量の移民が海外へと流れていく。いわば帝国主義の時代は、移民の時代でもあった。

平和な島・ニューカレドニアにも一八五三年、フランス海軍が来てグランドテール島を武力で制圧した。フランス植民地の始まりである。当時、島の人口は推定でわずか六万人。同島を制圧したフランス政府は、一八六三年に流刑地に指定し、翌年に第一回囚人二五〇人を強制労働者として送り込んだ。いわゆる「流刑植民地」である。

占領から間もない一八六六年の頃の調査では、ヨーロッパ人一〇六〇

流刑地時代の監獄跡／ヌーヴィル

人、軍人七〇六人、流刑囚二三九人、オセアニア人三三五人で二千数百人の外国人がいたが、これらの人たちが天然痘や感冒などの疫病を持ち込み、免疫性の弱い先住民は、一九〇六年には二万八千人にまで人口が減少している。(小林忠雄『ニューカレドニア島の日本人』)

このようなニューカレドニアに一大変化が起きたのは、一八六四年、ジュール・ガルニエによりニッケル鉱石が発見されてからである。ニッケル鉱石は発見者の名にちなんで「ガルニエライト」と命名された。彼はフランス海軍大臣から派遣された鉱山技師で、グランドテール島の北部でニッケル鉱脈を発見、その後も高品質の鉱石が各地で見つかり企業化がすすめられる。

しかし、島内の労働力では対応できず、フランス人や仏領インドシナのレユニオン、ベトナム、中国などの外国人労働者を導入しなければならなかった。一八七一年には本国のパリで蜂起したパリ・コミューンの反政府勢力が制圧され、軍事裁判で流刑罪を受けると、五千人もの囚人が送られてきた。このようにして「流刑植民地」が作られたが、評判が悪くこの制度は一八九六年に廃止される。

熊本から初の鉱夫六〇〇人

しかし、「錆びない鉄」と言われ、ステンレスの原料であるニッケルの需要は依然として高く、鉱山は活況を呈し

鉱石の採掘現場へ向かうトロッコ（ニューカレドニア政府公文書館提供）

労働者不足が続いた。このため企業側は、効率の悪い先住民や囚人労働者を避け、代わりにアジア系労働者に目をつけた。一八九〇年にフランス国公使から外務大臣・青木周蔵に鉱夫六〇〇人の雇い入れの申し込みが来たが、送り出しに消極的な青木は、囚人労働の土地であることや、契約期限の五年は長すぎる、などを理由に拒否している。その青木は、大津事件（訪日中のロシア皇太子暗殺未遂事件）の責任を取って辞任。代わって就任した榎本武揚は海外移民に積極的で、囚人と同じところでは仕事をさせない、契約期間の五年にこだわらない、などの条件を緩和して派遣を許可した。

積極的な海外進出論者の榎本は、メキシコの炭鉱にも移民を送り出している。移民送り出しの安定化を図るため「日本吉佐移民会社」を設立させ、海外企業との契約主体としたことでも知られる。同移民会社が最大の鉱山企業ル・ニッケルと契約して送り出された。こうして一八九二（明治二五）年から日本人労働者の出稼ぎ移民が始まる。以下、初期移民について、小林忠雄の『ニューカレドニア島の日本人』を参考に見てみよう。

　最初の募集は熊本県人六〇〇人であった。多くは天草地方の二五歳から三〇歳までの男性である。五か年の契約で、農夫であることが条件であったが、実際はそれ以外の職業の人たちもいた。それどころか渡航者たちには鉱山労働の具体的なことは何も知らされていなかった。女性に向く仕事はないということで、女性や妻帯者の渡航は見送られている。

　一八九二年一月六日、渡航者たちは柳行李と信玄袋、毛布一枚をもって日本郵船会社の新造船・広島丸に乗船し、長崎港を後にした。広島丸は貨物船であった。このため船倉に帆布で寝床をはり、その上で起居した。一六日に赤道を通過。気温が上がり、病臥中の一人が亡くなった。目的地のニューカレドニア東海岸に位置するティオに上陸したのは、一月二五日のことであった。二〇日がかりの七千キロに及ぶ船旅であった。

　一行は川に沿って作られた木造平屋の宿舎に落ち着くと、

入植初期の日本人鉱夫宿舎（ニューカレドニア政府公文書館提供）

数日後には鉱山の現場に三班に分かれて仕事に就いた。ところが数日後には紛争が起きている。ツルハシやシャベルを手に、作業場に向かう急峻な坂道がきつく、鉱夫たちの間から不満が続出。作業につくのを拒否する行動に出た。会社側の現場復帰命令に従わなかった首謀者一〇人が逮捕され、ヌメアの懲戒工場に送られた。

この懲戒工場というのは、流刑制度が廃止された時、インド人や中国人労働者を想定して罰則規定を制定したものだという。反抗したり、命令に従わなかったりすると、懲戒工場に送られ、入獄中の食費や護送費を負担するのみならず、昼間労働をおこたれば足かせをはめられるなど、まるで監獄と同じであった。それが日本人労働者にも適用されたため、熊本からきた鉱夫たちは騒ぎ出した。国元に虐待を訴える手紙が届き、熊本県庁は看過できずに、千田市十郎県属内務第三課長を四か月間派遣して調査。その結果、懲戒工場の罰則規定の廃止を求めるよう県知事に復命している。

その後も鉱夫たちは病気を理由に、サボタージュなどを繰り返している。この第一回熊本移民の結果について、小林は「実に惨憺たる有様で、無事任期を修了した者は六〇〇名中九七名であった。その中八名は契約終了後も本島に残り、八九名は日本に帰国した」と記している。

第一回熊本移民の「惨憺たる有様」のあと、日本からの送り出しはしばらく途絶えている。一九〇〇（明治三三）年に「移民保護法」が制定され、移民会社は雇主に対し雇用契約上の条件を完全に守らせることを義務付けた。合わせて移民会社との間で送金を契約で義務付けている。その中には信任保証金として移民会社に積み立てることも義務付けられたが、これは逃亡防止のためでもあった。そして同年に七回、翌年一月に一回延べ一二〇八人が神戸港から送り出された。

沖縄から鉱夫八二一人が渡航

沖縄からの出稼ぎ移民が始まったのは、それから五年後の一九〇五（明治三八）年のことである。最初の熊本移民から一三年後のことだ。ポーハタン号で三五八人が渡航したのを皮切りに、一九一〇（明治四三）年に琴平丸で二四六人、一九一一（明治四四）年八幡丸で一九一人、一九一九（大正八）年にオーストラリア経由で二六人の合計八二一人が渡航している。ちなみに日本人渡航者の合計は五五八一人で沖縄の占める割合は約一五％であった。

明治期の三度にわたる契約移民の町村別人数について、『名護市史・出稼ぎ移民』から拾い上げると次のようになる。

一九〇五年（明治三八）　ポーハタン号
羽地四八、北谷四八、勝連三九、首里区二六、名護二一、与那城一九、豊見城一八、本部一六、その他

一九一〇年（明治四三）　琴平丸
与那城五二、小禄五〇、羽地四六、豊見城三四、兼城一八、大里一二、真和志一〇、本部一〇、東風平四、南風原

1905年ポーハタン号の出稼ぎ移民（ニューカレドニア政府公文書館提供）

四、勝連三、宜野湾二、越来・真壁・西原・高嶺・首里各一

一九一一年（明治四四）　八幡丸

小禄五六、高嶺二五、豊見城二四、兼城二〇、知念一九、大里一八、佐敷一三、那覇区六、東風平五、南風原・摩文仁各二、糸満・具志川各一

これらは移民船に乗った者の数であり、上陸時に健康診断などで上陸を拒否された者もいるので、そのまま全員が上陸したわけではない。しかし、送り出し地のおよその傾向はわかる。沖縄の北部（国頭郡）では旧羽地や屋我地、名護などが多く、中部（中頭郡）では与那城、勝連、南部（島尻郡）では小禄、豊見城に多いことがわかる。これらの地域は、ニューカレドニアだけでなく、ハワイや南米などにも多くの移民を送り出しており、沖縄屈指の「移民母村」である。

先に「帝国主義の時代は移民の時代でもあった」と書いた。新たな植民地が、大量の労働力を必要としたことがその背景にある。しかし、その需要に対応する送り出し地側の要因とかみ合わなければ「移民の時代」は出現しない。日本、とりわけ沖縄はどうであったのか。

移民史研究家の石川友紀は、一八九九（明治三二）年から一九三七（昭和一二）年までの三九年間に日本からの移民は六四万一六七七人で、このうち最も多いのは広島県の九万六一八一人、次いで多いのが沖縄県の六万七六五〇人、三位が熊本県の六万七三三三人で、沖縄県の全体に占める割合は一〇・五％としている。（「沖縄における出移民の歴史及び出移民要因論」、琉球大学移民研究センター発行『移民研究』創刊号所収）

また、一九四〇（昭和一五）年時点の道府県別海外在留者数では、広島県の七万二四八四人、熊本県の六万五三七八人に次いで沖縄県が五万七二八三人と三番目に多く、しかも当時の人口に対する海外在留者数の比率では、沖縄県が九・九七％、熊本県四・七八％、広島県三・八八％で沖縄県が一番高い比率を示している。実に一〇人に一人が海外に移民していることになる。なぜこのように海外に多くの移民を送り出すことになったのか。この点について、石川は次のように書いている。

「多数の海外移民を送り出した沖縄県における出移民の要因をみると、出稼ぎ・金もうけという経済的要因を基礎としたことは確かである。しかし、沖縄県の出移民の要因は、経済的要因のほか地割制度廃止による新土地制度の施行、移民会社・周旋人・移民指導者の存在、徴兵忌避などの社会的要因の占める比重も高く、個人的な動機も少なくない。また、海外への雄飛の精神も加わる。」（前引「沖縄における出移民の歴史及び出移民要因論」）

要するに海外移民の要因は、経済的、社会的な複合要因が重なっている、ということである。近世末から続いてきた沖縄の社会的貧困は、一八七九（明治一二）年の琉球処分以降も明治政府のいわゆる旧慣温存政策によって何ら解決されずにいた。しかし、旧慣は資本主義制度導入の隘路となってきた。とりわけ土地の村落共同体による共有（地割制度）は、近代的な納税制度の妨げとなっていた。そこで明治政府は土地の個人所有を可能にする土地制度の改革に手をつけた。明治三〇年代の土地整理事業がそれである。

この制度の導入により、地割制度時代に土地に緊縛されていた農民たちは、土地の売買や移動の自由が可能となり、海外移民への道が開かれた。土地整理事業の完了と、海外移民の増加は、このような相関関係にあった。また、同じころに沖縄にも徴兵制度が施行されたが、県民の中には徴兵されて戦死するよりも、海外に移民する道を選ぶ人たちも出てきた。

移民送り出しの要因は、地域によっても異なり、石川も指摘しているように「移民指導者の存在」も大きい。沖縄の北部東海岸の金武村（戦前は宜野座村を含む）における当山久三のハワイ移民、あるいは大城孝蔵のフィリピン移民などは、「指導者の存在」が無視できないであろう。こうして二〇世紀初頭には、ハワイを筆頭に、ブラジル、ペルー、フィリピン、メキシコなどへ、なだれをうつように出て行った。

これらの国と比べると数こそ少ないものの、ニューカレドニアへの出稼ぎ移民もこうした流れの中で行われたのである。沖縄県内のなかでも「送り出し母村」として際立っているのは、国頭郡の羽地（現名護市）、金武村、中頭郡の西原村、中城村、勝連村（現うるま市）、島尻郡の高嶺村（現糸満市）、兼城（同）、小禄村（現那覇市）などである。

ニューカレドニアに渡った移民もこれらの地域から多いが、特に目立つのは、羽地村や旧名護町である。『名護市史・出稼ぎ移民』によれば、羽地からの移民は九九人、旧名護町が二五人、屋我地村（現名護市）から四八人が渡航している。屋我地は饒平名、我部、済井出、屋我のわずか四か字からなる一島一村の小さな島だが、ここだけでこれだけの人がニューカレドニアに渡っていたのには驚かされる。

　とはいっても、他の国々には桁違いの人数で移民に出かけていることも、記しておかなければなるまい。ちなみに羽地村からブラジルへは一八七五人、ハワイは八〇二人、ペルー七六一人、フィリピン二〇一人、アメリカ八四人、メキシコ六八人などである。また、屋我地島からは、ブラジルの二二五人、ハワイの一五〇人、ペルー一〇四人、フィリピン四五人という具合で、島の働き手の多くが海外に出稼ぎに行った現実を、これらの数字は如実に示している。

20 世紀初頭のニッケル鉱山ティオの様子
（ニューカレドニア政府公文書館提供）

　明治の後期から始まった海外への出稼ぎ移民は、大正半ばにはさらに増加し、昭和初期の大不況期にピークに達した。毎年のように二千人から三千人もの働き手が、沖縄の港から海外に出かけている。これら移民による海外からの送金が、不況で疲弊した沖縄経済を支えた、とはよく言われることである。ニューカレドニアからも、多額の送金がなされている。石川は送金額について、次のように書いている。

「ニューカレドニア島から沖縄県への送金額は、一九一一年（明治四四）に四三一四円と比較的少なかったが、翌一九一二年（大正元）には一万四〇六九円と前年より九七五五円も多く、増加に転じた。送金額は一九一三年（大正二）史上最高の二万四二〇五円と大台を記録したが、翌一九一四年（大正三）には六〇五八円と急減した。その送金額も一九一五年（大正四）には、一万一七九五円と回復し（中略）一万円台を維持し続けた」（石川「フランス領ニューカレドニアにおける日本人移民―沖縄県出身移民の歴史と実態―」、二〇〇七年『移民研究』第三号所収）

これらの送金を紹介した後、石川は「ニッケル鉱採掘の鉱山労働者としては、苦労も多かったが、比較的成功した移民地ではなかったろうか」として、同島帰りの成功者が屋号を「フランスヤー」と名付けたことを紹介している。しかし、送金の陰には、出稼ぎ移民たちの並々ならぬ苦労があった。

一九〇五年、第一回目の移民募集広告が『琉球新報』（明治三八年一〇月一九日）に載っている。広告は東洋移民合資会社が出したものだ。それによると二〇歳から四〇歳まで

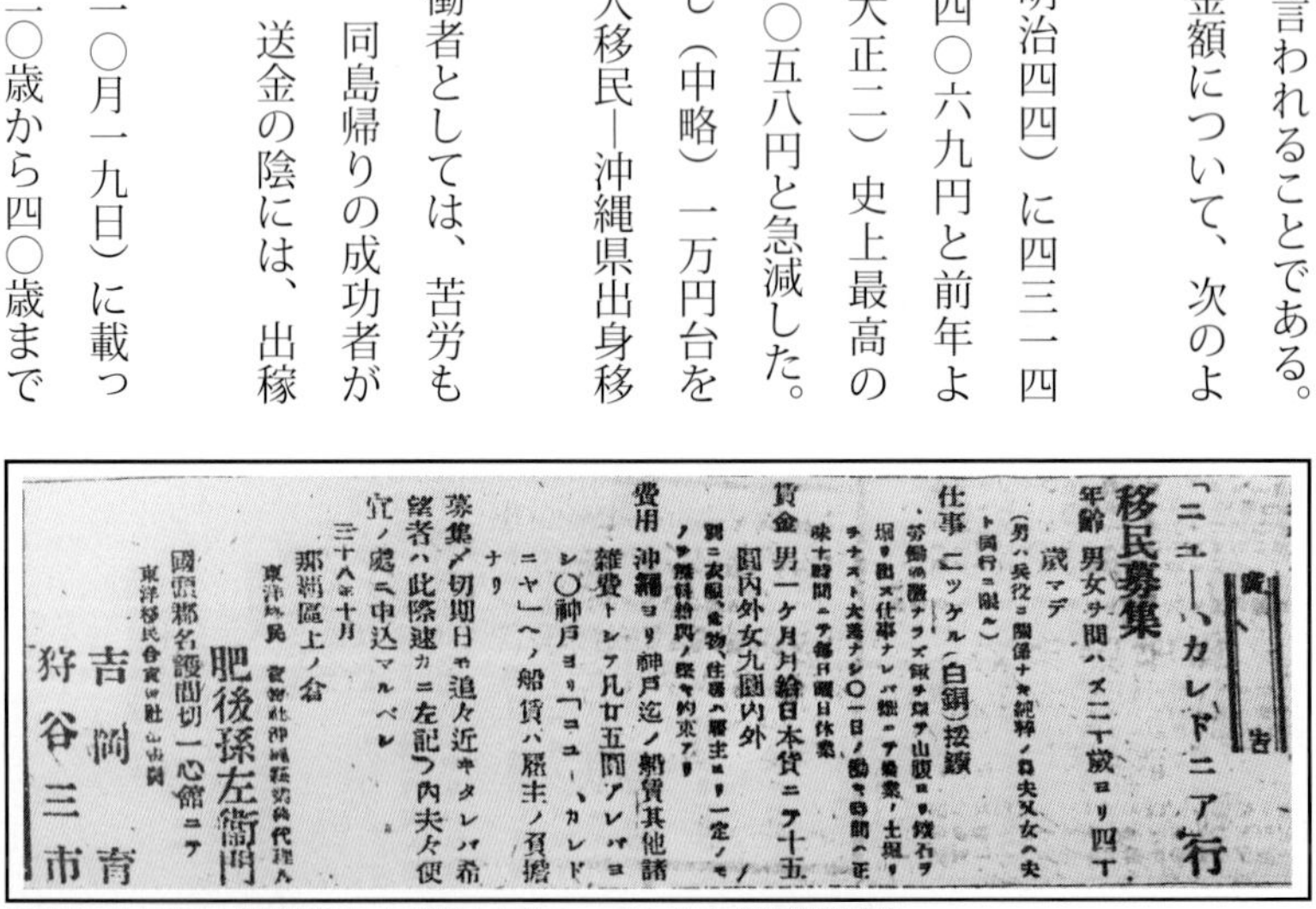
廣告
「ニュー、カレドニア」行
移民募集
年齢 男女ヲ問ハズ二十歳ヨリ四十歳マデ
（男ハ兵役ニ関係ナキ純粋ノ者夫又女ハ夫ト同行ニ限ル）
仕事 ニッケル（白銅）採鉱
、労働ハ激ナラズ鉱ヲ以テ山腹ヨリ堀リ石ヲ堀リ又ハ仕事ナレバ熟ニテ従業ノ土堀リチナスト大差ナシ○一日ノ働キ時間ハ正味十時間ニテ毎日曜日休業
賃金 男一ケ月月給日本貨ニテ十五圓内外女九圓内外
ノ外ニ衣服、食物、住居ハ雇主ヨリ一定ノモノヲ無料給與ノ堅キ約束アリ
費用 沖縄ヨリ神戸迄ノ船賃其他諸雑費トシテ凡廿五圓アレバヨシ○神戸ヨリ「ニユー、カレドニヤ」ヘノ船賃ハ雇主ノ負擔ナリ
募集ノ切期日モ追々近キタレバ希望者ハ此際速カニ左記ノ内夫々便宜ノ處ニ申込マルベシ
三十八年十月
那覇區上ノ倉
東洋移民 合資会社沖縄縣勞働代理人
肥後孫左衛門
國頭郡名護間切一心館ニテ
東洋移民合資会社出張員
吉岡 晉
狩谷三市

1905 年 10 月 19 日『琉球新報』に掲載されたニューカレドニア移民募集広告

の男女を対象とし、目的は「ニッケル（白銅）採鉱」で、仕事の内容は「労働過酷ナラズ、以テ山腹ヨリ鉱石ヲ掘リ出ス仕事ナレバ畑ニテ操業ノ土掘ヲナスト大差ナシ」とある。

実際にその鉱山を見て、山頂での労働がいかに大変であったか、そして募集広告のいう「畑仕事ト大差ナシ」が、現実と大きな乖離のあることを渡航者たちは知らされる。

ニッケル鉱山での採掘は、今では機械力によって行われているが、かつてはツルハシなどの人力によって行われていた。ニッケルの含有量の多い鉱石は、表土から数十センチ地下に堆積しており、しかも山頂の方に多いという。このため鉱夫たちは高い山登りをしなければならず、それ自体が重労働であった。

女性渡航者の行方

鉱山の仕事が目的であったことから、移民募集は男子のみを対象としていたようだが、一九〇五年だけは二四組の妻帯者が含まれている。「島民渡航名簿」（『沖縄県史料』移民名簿・近代5）を見ると、ツル、カメ、ウシなど当時の沖縄によくあった婦人の名前が記載され、欄外の「身分」に「○○某の妻」であることが注記されている。

元々、女性は対象外であったが、採用手続きの不備からそうなったという。ニューカレドニアに着くと同時に、送り返された女性もいた。二回目の渡航からは、女性は対象から外されている。それにしても初めに渡航で来た女性たちはどうなったのか。沖縄系の多いポワンディミエなどで、両親が沖縄だという話は耳にしたことがない。その点に関し成安造形大学教授の津田は名護出身の六組の夫婦について調べたところ、満期で夫と共に戻ったのは一人、夫と逃亡したのが一人、現地死亡が一人、残り三人は消息不明としている。津田は参考資料として大森鉄之助の次のような証言を紹介している。角田房子が『文藝春秋』昭和三六年七月号に書いた「たんぽぽ鉄之助」からの重引である。

「女のいないこの島で一つの例外は百名ほどの沖縄人部落で、ここだけは夫婦の出稼ぎが幾組かいた。強制的に男だけ遠いところへ労働に出され、その留守に妻を奪われてもこの力のない集団は常に泣き寝入りであった。反抗すれば命が危なかったのであろう」

ここにいう「百人ほどの沖縄人部落」がどこを指すのか。移住初期のころだとすれば、おそらくティオあたりであろうか。妻を奪われても「泣き寝入り」するしかない「力のない集団」の悲しい実態を示唆していよう。

そのうえで津田は「当時のニューカレドニアにおける女性をめぐる揉めごとは、沖縄女性の場合に限ったわけではない。私はあちこちで、博打で妻を賭けた話、女性をめぐる刃傷沙汰、失恋による首つり自殺の話を聞いた。狭い日本人コミュニティーの中で、男女をめぐる人間関係がどんなにデリケートであったかが想像できる」と書いている。

いずれにしてもニューカレドニアにおける日系人社会は、沖縄系も含め、一世の世代は男社会であった。それはハワイや、南米移民との大きな違いである。家庭の中心となる女性が欠落したことで、母国の言語や生活習慣が継承されない環境となったからである。

「もうきてくうよう」（儲けて来いよ）、「ジンからさちどう」（お金から先に送れ）と見送られた出稼ぎ移民たちは、鉱山での労働でかなり沖縄に送金したといえる。そもそも出稼ぎ移民は、故郷への送金が大きな目的の一つであった。初期のころはそれを果たしていたことになる。しかし、送金の裏には過酷な労働があった。

それに耐えかねて契約期間の五年ないし四年を待たずに、鉱山を抜け出して逃亡するのが相次いだ。東洋移民合資会社が外務省に提出した「明治三九年分ニューカレドニア逃亡者名簿」によれば到着から半年後に八八人、明治四一年まで含めると九九人が逃亡している。その数は、その年までの沖縄人移

上陸地ティオの港風景（ニューカレドニア政府公文書館提供）

上陸地ティオの現在の港風景

民の実に四分の一に当たる。逃亡はその後も続き、明治四三年渡航組の逃亡者は日本人総数で一九四人、このうち沖縄人が一二三人で、沖縄移民の実に半数を占めている。（前引『名護市史・出稼ぎ移民』）

なぜこのような大量の逃亡者を出したのか。逃亡するにはそれ相当の理由と覚悟がいる。日本への帰国を断念する覚悟をしなければならないからだ。逃亡の原因は、一つは前述の重労働の問題と、今一つは低賃金の問題がある。重労働でもそれに見合うだけの賃金が保証されておれば我慢もできようが、実態はそうではなかった。

賃金の支払いは、出国時に国内で示された日本円建てではなく、実際にはフランで支払われた。このため日本円の価値が下がると、移民会社がもうかる仕組みになっていた。そのうえ渡航周旋料が毎月の給料から差し引かれた。また、移民会社は給料の一部を満期まで預かることで、逃亡の防止策とした。それでも鉱夫たちは、より良い条件のいい鉱山へと逃亡した。その最大の原因を、津田は「鉱夫たちの間で蔓延していた賭博であった」としている。隔離された生活の中で、楽しみといえば、この賭博であった。有り金をかけてそれがなくなると、条件のいい別の鉱山へ逃亡したのだ。帰国の退路が断たれるのを覚悟のうえで、鉱夫たちは新たな生活への旅へと飛び立ったのである。

ところで、日本人渡航者たちが初めて上陸したティオの町は、ヌメアから車で二時間ほどの距離である。赤茶けた海岸線が広がっている。陸から海に突き出たベルトコンベアは、海に屹立した鉱石運搬船の繋留塔に達している。昔も今も変わらぬ荒涼たる光景。初めて上陸した移民たちは、どんな思いでこの光景を眺めていたのだろうか。

ティオは鉱山が産み落とした小さな町である。その町の裏山に面したところに公営墓地がある。その墓地の一角に日本人墓地があり、この地で亡くなった鉱夫たちの墓標が並んでいる。その数六六基。中には段重ねの墓碑もあるが、多くは一個の脊柱を立てただけのものだが、半円形の小さな墓石に名前や没年を刻んだものもある。

そうした墓石の一つに、沖縄出身の「金城源正」と書かれた墓がある。第二章でも触れたが、「明治四二年一二月没」という没年と共に「大日本国沖縄県国頭郡」の出身地も線彫りのような文字で刻まれている。名前の「源正」は後に「源昌」の誤記とわかるが、それは「げんしょう」と耳で聞いていた同僚があてた文字であろう。このような誤記は他にもみられるが、若くして亡くなった同僚の死を悼んで立てたのだ。一説によるとこの墓石は、ニッケル鉱石でできていて、ともに働いていた同郷のものが山から担いで来たともいう。

鉱夫たちの中には、自分がここで生きていた証に、生前に墓石を確保し、自らの名前を刻んだ人もいたという。しかし、多くの鉱夫たちは、墓石に自分の名が刻まれる前に、ここを脱出していく。契約の五年ないし四年を待たずに、新たな生活の場を求めて次々に逃亡した。目指す先は、海であった。

日本人墓地に建つ金城源昌の墓／ティオ

逃亡して北部東海岸に定住

いくつかの鉱山を渡り歩いた後、一世たちは熱帯雨林の生い茂る東海岸へと向かう。逃亡先が山奥ではなく、海岸へと向かうのは海に囲まれて育った沖縄人の習性のようなものだ。島の東海岸一帯で高級ボタンの原料となるトロカ（高瀬貝）の採取に従事する人が増えてきた。やがて金を蓄えてカナックの女性を伴侶に迎え、土地や家を手に入れて、定住への道を歩む。これが沖縄に帰る途を絶たれた一世たちの生きる途でもあった。

とはいえ、そこにたどり着くまでには、試行錯誤を繰り返しながらの苦労の連続であった。その典型的な例は、上地善次郎であろう。彼は鉱山を抜け出してティオで高瀬貝の採取に従事した後、ヌメアに出て床屋をし、また、ティオに戻って床屋をやる。その後、コーヒーを栽培し、さらにマガザン（雑貨店）を開き、ようやくポネリウェンで小さなホテルを開いて落ち着く。交通もままならない時代に、ニューカレドニアの大地を駆け巡っている。彼のようなケースは特別かもしれないが、多かれ少なかれ一世たちは、こうした苦労を重ねながら定住していく。

今日、沖縄系の二世・三世たちが、北部東海岸のウエゴア、トゥオ、

屋我地出身の玉城善九郎が雑貨店をしていた建物跡／北部海岸ワガップ

ポワンディミエ、ポネリウェンといった村々に多いのは、定住を始めた一世たちが沖縄で同じ村か近隣の村であったことによる。特に現在は名護市に合併されている羽地、屋我地、屋部、名護出身者が多いのは、そのことを物語っていると思われる。

明治末期の三次にわたる契約移民の渡航の後、第一次世界大戦が勃発して一九一四（大正三）年、フランスとドイツが敵対したため、ニッケル鉱山への契約移民は中断された。その後、自由移民として仕立屋、コーヒー園、牧畜、商店など様々な職業の人たちが、数は少ないが断続的に移住している。沖縄での出身市町村は、さまざまである。しかし契約移民中断後の沖縄移民の在留者数は、次第に減少している。ちなみに一九一一年以降の人数は、以下の通りである。

一九一一（明治四四）年三八七人、一九一二（大正元）年四九一人、一九一四（大正三）年四八二人、一九一五（大正四）年三八三人、一九一七（大正六）年二九六人、一九一九（大正八）年一八五人（この年、豪州経由で二六人が入国）

前述のように島に残った一世沖縄人たちは、農業に、あるいは海産物採取に従事しながら、島の女性と所帯を持つようになり、定住への道を歩み始める。特に、東海岸の北部には、南からポネリウェン、チャンバ、ネヴァオ、ウィンド、ポワンディミエ、ワガップ、ティワカ、コカンゴン、プユ、トゥオ、アモアといった村々が、五〇キロほどの間に数キロ間隔で点在している。沖縄の一世移民たちはこうした村に生活し、徒歩あるいは馬や船で通いながらお互いに交流していた。さらに北端に近い鉱山の町・ウエゴア、パムにも沖縄人がマガザン（雑貨店）を開いて生活して

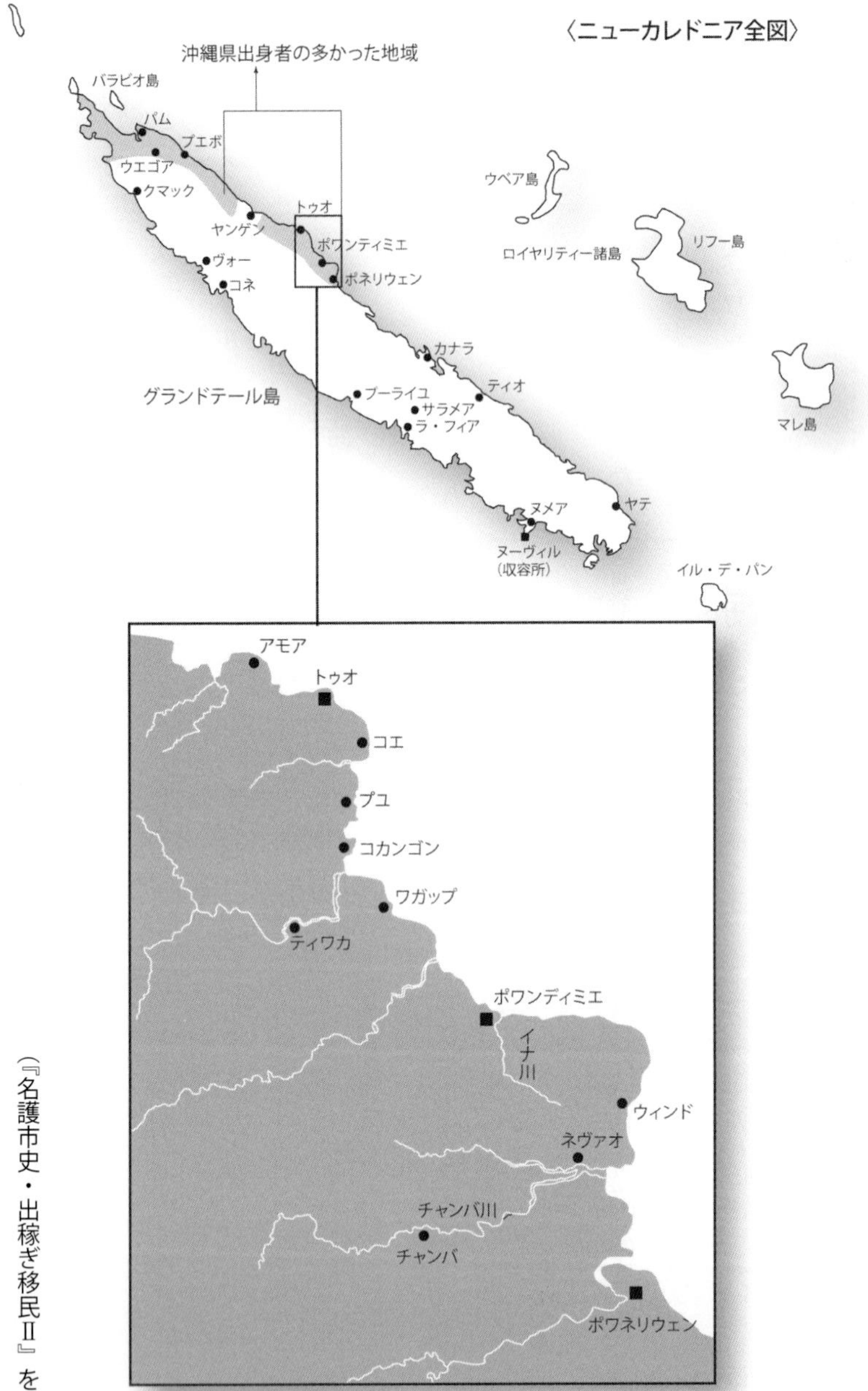

ポワンティミエ周辺の沖縄人居住地

（『名護市史・出稼ぎ移民Ⅱ』を参考）

いた。ちなみにこれらの村々に定住していた沖縄出身者は以下のとおりである。

ポネリウェン　上地善次郎（ホテル、羽地）、赤嶺牛（商店、小禄）
チャンバ　新城喜吉（小作農、羽地）
ネヴァオ　上地善助（コーヒー栽培、羽地）比嘉弥栄（同、名護）
　玉城善九郎（農業、屋我地）松田幸三郎（商業、屋我地）
ウィンド　新城安森（仕立て屋、羽地）
ワガップ　岸本新二（商売、名護）
ティワカ　仲村渠太郎（雑貨店、屋部）末吉業徳（小作、屋我地）
コカンゴン　比嘉伝三（農業、名護）大城亀吉（農業、小禄）
プユ　宮城恒基（農業、北谷）
ウエグア　名嘉村加那（農業、中頭郡）、安里松福（中頭郡）、目取真興徳（島尻郡）
　伊保登太（中頭郡）、大城松吉（豊見城）、金城牛（島尻郡）
パム　崎山喜吉（商店、羽地）
ブーハ・バラビオ　玉城平太（名護）、仲間樽助（大里）、親川仁太郎（羽地）、赤嶺太郎（小禄）

（『名護市史・出稼ぎ移民Ⅱ』を参考）

これらの地名の中にポワンディミエが見えないのは、その中にチャンバやネヴァオ、ウィンドなどが包含されているからだが、中でもチャンバやネヴァオは、東海岸には珍しくチャンバ川を挟んで広大な平野が拓けている。東海岸一帯は山脈が海岸線に迫り、平野が少ない。しかし、チャンバ川周辺には平野が広がり、早くからフランス人たちが入植していた。そのあとから日本人も入植して、コーヒーなどを栽培している。特に沖縄人一世はこの地域で定住している人が多い。

車のない戦前には、徒歩か馬、あるいは海路を利用して東海岸の村々を往来していたというが、それもせいぜい五〇キロ範囲である。その近さがお互いの支えとなっていたに違いない。沖縄系の嫁のやり取りも、同族系の出身者である場合が多いともいう。

津田によれば「ポワンディミエの日本人達は、その妻たちが同部族出身、あるいは姉妹であることが多かったようだ」として、ネヴァオの上地善助（羽地）はルカイ家の長女ジェリーと同棲、玉城善九郎（屋我地）は次女エミリーと結婚し、二人の兄エミールの娘ルーシーと結婚したのは比嘉弥永（名護）だったことを挙げている。このような同族との婚姻関係は、一世たちの結束をさらに強いものにしたに違いない。

そういえば初めてポワンディミエを訪れたとき、ジャン=ピエール・ゼンコロウが私に地元の人を紹介するとき「彼女は私のおばさんだ」とか「親戚だ」とよく話していた。私は「一体、どうなっているのか、これではまるで村中が親戚ではないか」と思ったものである。それほどこの村は、血縁関係で結ばれた「親戚の村」であったのだ。

これもそのころの話だが、北部東海岸に来ると、車を運転しているジャン=ピエールは、すれ違う道行く人たちによく手をあげてあいさつしていた。「みんな親戚なのか」と思ったものだが、その後、彼以外の人でもそのような合

逮捕され一時収容されたヌーヴィル島を望む。手前はル・ニッケル工場／ヌメア

図をしていたので、単なるあいさつだとわかったのだが。それにしてもそのような村人への連帯のあいさつが、いつまでも続くような社会であってほしい、と願わずにはおれない。

一世の逮捕とオーストラリアへの強制収容

しかし、一世たちの幸せな生活は長くは続かなかった。一九四一年一二月八日、日本軍のハワイ真珠湾攻撃で、アメリカが日本に宣戦布告、状況は一変する。アメリカの連合国であるフランスから見て「敵性国民」となった日本人一世たちは、フランスの憲兵によって次々と逮捕された。当時、ナチスドイツに侵略されていたパリのドゴール将軍率いる亡命政府「自由フランス」は、「日本人逮捕」の命令をニューカレドニアのアンリ・ソト総督に発令した。

一世たちは次々に逮捕され、ヌメアの向かいにあるヌーヴィル島の収容所に集められた。ここはかつてフランス革命のときに、囚人たちが収監されたところでもある。逮捕された日本人たちは、廃墟の中でしばらく待機を余儀なくされ、オーストラリアの収容所に送られた。

これが永遠の別れとなるとは、知る由もなかった。二世たちの中には、父親を有利にするため、フランス軍に志願する者もいた。そういう息子を持った一世たちは、オーストラリアに送られることはなかった。しかし、ヌーヴィル島から出ることは、許されなかった。事情を知らぬ幼い子どもたちの中には「自分たちは父親に捨てられた」と思い込む者もいた。その疑念は、戦後も心のしこりとなって尾を引いた。

それにしても、そもそも日本人鉱夫たちは、この国（フランス）の必要性から、募集されてニューカレドニアにやって来たはずである。それをニューカレドニアの宗主国であるフランスが、第二次大戦でアメリカと同盟国という理由だけで逮捕したのである。戦争とはいえ、あまりにも不条理であった。

アメリカは、日本が南進政策でインドネシアのブーゲンビルや、ラバウルに侵略してきたことで「次はニューカレドニアに攻めてくるのではないか」と警戒感を抱いていた。ここを落とせば、オーストラリアやニュージーランドは手の届くところにある、というわけだ。特にオーストラリアでは同国北部のダーウィンなどが日本軍の空爆をうけ、激しい反日感情が渦巻いていた。

その頃ニューカレドニアでは、フランスの憲兵隊がひそかに日本人一世の素行調査をしている。その報告書が、ヌーヴィルのアーカイブス（ニューカレドニア政府公文書館）に今も保管されている。中には沖縄一世も含まれているが、いずれも「まじめに働き、村人とも仲良くしている」と報告されている。憲兵隊は日本人の中に、スパイがいないか警戒していたのだ。

たまに東海岸に日本船が立ち寄ることがあった。そんな時一世たちが集まり、歓迎会を開いたりした。それも警戒される一因となったらしい。一世たちは自分たちが調査されていることを、薄々と感じていた。このため家庭や、一世同士で日本のことを語り合うのを、次第に控えるようになったという。

鉱山では昨日まで共に働いていた地元の同僚が、フランス憲兵の指示で日本人を連行して下山した。鉱山の町・ティオでは、連行されて集められた日本人に同情して、村人が料理を差し入れ別れを惜しんだ、という話もある。ティオにあるル・ニッケル社の鉱山博物館で、ガイドをしているモリス・フェルス（一九三七年生まれ）から聞いた話だ。

ヌメアではフランス軍司令部前の広場に金網が張られ、逮捕された日本人が一時収容されていた。外にいた幼い子供が、金網の中に自分の父親を見つけ「お父さんはどうしてこの中にいるの？」と、不思議そうに訊いてきた。親子は金網越しに長い時間語り合い、最後の別れを惜しんだ。

また、営々として築いてきたマガザン（雑貨店）の商品が、日本人一世が逮捕され主がいなくなったのを幸い、土地の人たちに略奪された。それをカナック人の妻たちが目撃している。中には顔見知りの人もいて、その恨みは後々まで消え去らなかった。当時、チャンバに住んでいた新城喜吉の長女のカナ・オブリーはまだ一四歳だったが、自身の「その時」のことを、こう語っている。

「私たちはチャンバに住んでいました。逮捕されることを予見していた父は、私たちを母の実家があるティバラマの部落へ行かせました。私は逮捕された父のことを知らされていませんでしたが、姉から事実を知り、私たちは車でポネリウェンへ戻ろうとしていました。しかし、運転手にも乗車を断られ、私たちは歩いて出発したのです。母は私たちのことを知り、山を分け入って近道をし、私たちより先にチャンバへ着いていました。周囲の人々は、警察が私たちを逮捕された日本人たちと一緒に連行して監禁すると言いました。あのとき、私は父と一緒について行きたかった。でもみんながそれをさせてくれなかったのです」（マガジン『Le Pays』NO.12より抜粋、沖縄ニューカレドニア友好協会会報『L' ONC』NO.1所収）

このように一九四一年一二月八日に突然訪れた家族分断の衝撃は、逮捕された一世たちと、残された妻子に戦争トラウマとして尾を引くことになる。残されたカナックの妻たちは、日本人の妻であることを憚り、子どもたちは日本人との混血であることに後ろめたさを抱いた。日本についての会話は、親子でさえ禁句となった。それが戦後数十年間も続いた。しかし、戦時中における物的・精神的被害について、戦後、フランス政府から救済されることはなかった。

当時、英連邦自治領であったオーストラリアでは、連合国政府の取り決めで、国内だけでなく周辺のオランダ領東インド諸島、ニュージーランド、ニューヘブリデス（現バヌアツ）、ソロモン諸島、そしてニューカレドニアなどの抑留者を受け入れていた。周辺国外からの受け入れは、三一六〇人であった。

ニューカレドニアからは、在住日本人一三四〇人のうち一一二四人が収容された。一二月二二日、収容者たちは二隻の船でシドニーに着くと、単身者はヘイとラブデーの収容所へ、家族組はタツラの収容所へ送られた（永田由利子著『オーストラリア日系人強制収容所の記録』）

収容所に着いたときに、スイス総領事のヘディンガーが、赤十字を代表してニューカレドニアから来た抑留者の収容状態について視察した報告書の一部を、永田由利子が前掲書に紹介している。その中で「彼らの多くはシャツ一枚とズボンを身に付けただけで当地に来ている。ヘイの気温はとても高低が激しいので、できるだけ早い時期に衣類の発送がなされるべきである」と「緊急を要する問題」として指摘している。収容者たちが、いかに着の身着のままで送られたかを示すものだ。では三つの収容所はどうであったか。

「これらの収容所は、人口の集中地から離れた平坦な内陸地の半砂漠地帯に建設された。寒暖の激しい大陸性気候で、夏のピーク時には気温が摂氏四〇度を超え、高温と乾燥がひどく、砂嵐がひんぱんに起きた。いずれの収容所も三重の有刺鉄線で囲まれ、その四方は機関銃とサーチライトを備えた監視塔が設けられていた」（永田前掲書）

こうした半砂漠地帯の収容所内に、スリーピングハットと呼ばれるトタンづくりの住居用のバラック、共同食堂、炊事場、洗濯場、便所、風呂場、売店、娯楽用ホール、抑留者用の事務所などの施設があったという。

オーストラリアのラブデー収容所跡（本郷義明提供）

当時の収容所入口（オーストラリア戦争資料館提供）

収容所はその後、一九四三年四月に大がかりな再編が行われた。理由は戦前商船の船員だった者や，漁業従事者が抑留者扱いから戦争捕虜扱いに分類されたことによるが、その結果、捕虜扱いはヘイに、独身男性はすべてラブデーに、女性と家族はタツラにそのまま残った。再編後の各収容所の人員は、ヘイ五二四人、ラブデー一九一五人、タツラ八七三人である。

収容者たちは三重の有刺鉄線に囲まれて、戦争が終わる一九四五年まで生活を送ることになる。寒暖の激しい気候での生活は、温暖な亜熱帯性気候に慣れた者には厳しいものだ。高齢者や体力のないものには、耐え難いものがある。中には命を落とすものもいた。永田によれば「ラブデー収容所には高齢者が多かったため、一一五人の日本人が病気や老衰のため亡くなり、バーメラ墓地に埋葬された」（前掲書）という。

沖縄の名護出身の比嘉伝三は、単身者用のヘイ収容所で一九四三年六月二二日に肋膜炎で死亡している。すでに還暦を越していた伝三にとって、収容所の環境はやはり耐え難いものがあったのだろう。遺体は六月三〇日にヘイの市営墓地に埋葬された。

収容所に送られた伝三のもとに、ニューカレドニア北部の東海岸のコカンゴンに住む妻・ローラから、伝三を気遣うフランス語の手紙が寄せられた。それを同郷の松田幸三郎が翻訳し、さらに伝三の返事を代筆してローラに書き送った。ローラからの手紙を書き写したノートを、幸三郎は日本に引き上げる時持ち帰り、大切に保存していた。彼の死後、長女の千鶴子が父親の形見として保管していた。

日本人移民の調査で沖縄を訪れた津田睦美がそのノートを見せられ、ローラからの手紙であることが判明する。およそ七〇枚もの手紙の写しをもとに、津田はニューカレドニアで生きた一家族を通して、戦争に翻弄された移民の姿を『マブイの往来』（二〇〇九年人文書院刊）にまとめた。手紙からは最愛の夫を収容所に奪われ、一人で財産を守り、子どもたちを育てるけなげな妻の姿が伝わってくる。第二章で紹介したセシル・ヒガはその娘である。

財産没収と残された妻子たち

比嘉伝三の妻・ローラの場合は、部族長の孫娘で農場などの財産は彼女名義になっていたので、財産没収を免れた。しかし、ほとんどの日本人一世たちの財産は没収され、競売にかけられた。カナック人やフランス人の妻たちは、接収された家や土地を取り返すべく、涙ぐましい努力をした。日本人一世の没収財産は、鉱山、土地、家屋、牧場、農園、商店、家畜、加工済みコーヒー、コプラ、家財道具など多岐にわたる。彼女たちの涙ぐましい努力にもかかわらず、取り返しはかなわなかった。津田はこう指摘している。

「残されたカナック、あるいはアジア・アフリカ系移民上がりの妻たちは無力で、夫の財産が、初期の段階で地元の役人、政治家、コロン（入植者）、管財人など、カルドッシュ（ニューカレドニア生まれの白人）、メトロ（フランス本国から来た白人）によって横領されてもどうすることもできなかった。のちに一部の横領は連合軍による裁判で有罪になったが、ほとんどの略奪行為は地元では周知の事実でありながら、その実態は解明されていない」（津田前

掲書）

ネヴァオやチャンバに広大な農地を所有しているジャン＝ピエール・ゼンコロウは、屋我地島出身の玉城善九郎の孫にあたる三世である。日頃から祖父の事業手腕に畏敬の念を払っているが、その祖父が農地などの資産を、彼の手元に残してくれたからでもある。なぜこれらの資産は没収されずに、彼の手元に残されたのか。善九郎は太平洋戦争の始まる前の一九三三年に、四三歳の若さで他界した。遺産はフランス国籍をもつ息子のエマニュエルに相続された。このため戦時下の財産没収の対象外となり、難を免れたのである。そのエマニュエルも若くして他界し、遺産は長男のジャン＝ピエールに相続され、今日に至っている。（第二章参照）

これとは対照的なのが、マツダ一族である。若くして善九郎に先立たれた妻のエミール・ルカイは、後に松田幸三郎と再婚するが、真珠湾攻撃の直後に幸三郎は「敵性国民」で逮捕され、彼が築いた資産は没収される。父親が逮捕されるとき、子ども（ルーシー）に現場を見せるにしのびなく、母親は子どもの手を引いて海に泳ぎに行こうと歩きだした。途中で子どもが後ろを振りかえると、ちょうど父親が逮捕されて車に乗せられるところであった。そんな話をルーシーは涙なが

1935 年頃の沖縄女性たち。
前列左端は山城功、その右は姉の千代枝／ヌメア（山城功提供）

らに語る。

残された家族は、先住民の村で厳しい生活を余儀なくされる。ルーシーはチャンバ川のほとりにある岩場で遊んだ少女時代を思い出しながら、苦しかったあの頃を回想する。財産没収とその後に来た苦労は、子ども心に今もって忘れられないトラウマとなっている。幼いころに受けた心の傷は、大人になっても小さくはならずに、成長と共に大きくなるもののようだ。妹のルイーズは、まだ幼く姉のような苦労を知らずに済んだ。「あなたは小さくてよかったね」と言われるゆえんである（第二章五〇頁参照）

財産没収は、北部東海岸のみならず、ヌメアあたりでマガザン（雑貨店）や商売をしていた日本人にも及んでいる。沖縄出身の並里亀の商店や、山城亀千代のやっていた素麺工場などもその対象になっている。二人とも沖縄から花嫁を呼び寄せているが、戦争が近づくのを警戒した山城は、千代枝と功の二人の子どもを故郷に送り返している。

一世たちの日本への強制送還

妻、子どもや孫たちは、夫や父、あるいは祖父の帰りを待ち続けた。戦争が終結し、ようやくニューカレドニアに帰還できると思ったら、その期待は裏切られた。日本人収容者は、すべて日本へ強制送還となったからである。ニューカレドニアに帰還できると思っていた一世たちの衝撃は大きかった。そのとき受けた心の傷は、後々まで癒えることがなかった。

前述の永田由利子は同じ「敵性外国人」でも、日系人とイタリア系とドイツ系とでは、強制収容された人数が圧倒的に日系人が多いのに着目し「オーストラリアの強制収容はアジア系に対する人種的な偏見と排斥が色濃く出た政策に基づいていた」と指摘している。いわゆる「白豪主義」である。こうした人種差別政策は、オーストラリアほどではないにしても、連合国に共通していたのではないか。それは強制収容のときだけでなく、戦後の強制送還のときにも現れている。

収容所に送られたドイツ系やイタリア系の人たちは、戦争が終わると元のニューカレドニアに戻ることを許されたが、日本人だけは許されなかったからだ。第二章で紹介したマティ・オオグシュクの場合は、母親がフランス人なので前者のケースである。

西洋人と日本人のこのような区別は、人種差別といわれても仕方あるまい。永田は「国外組の中には、家族のもとに戻ることを切に望み、日本への強制送還に対して抗議するのもあった」として、次のような要請行動のあったことを紹介している。

それは一九四六年一月に、ラブデー収容所で起きた。ニューカレドニア出身者三〇人が故郷に帰還できるよう外務大臣に申請した。彼らは六人を除き全員がニューカレドニアに家族を残していた。しかし、ニューカレドニア政府は元住民である日本人の受け入れを拒否し、日本への送還を要請したのである。この回答に一世日本人たちは、裏切られた気持であったに違いない。

そのころ松田幸三郎が、ニューカレドニアの妻・エミリーにあてて送った手紙が前掲、津田の『マブイの往来』に紹介されている。

「私たちの日本への帰国について急ぎ知らせる。なぜだか知らないが、収容所の班長いわく、日本に戻らなければならないということだ。そのことに腹が立っている。しかし、今収容されている者は皆日本に帰還しなければならないそうだ。だから私のニューカレドニアに戻りたいという希望は叶わないらしい。

残念だが、とにかく決定に従い、いったん日本に戻り、その後すぐにカレドニアに行きたいと思っている。なんとかカレドニアにすぐ戻れればうれしい。今はお前になんと言えばいいのかわからない。ただ、私からの唯一のお願いは、子供たちを強く抱きしめてあげてほしいということ。そして、がんばってほしい。お前のことを決して忘れない。心を込めて。ご両親と皆さんによろしく伝えてください」

悲嘆にくれた松田の思いは、長年ニューカレドニアで生活し、ここを第二の故郷としてきた一世たちの共通した思いであったろう。誰しもが「いったん日本に戻り、その後すぐにカレドニアに行きたい」と思ったに違いない。沖縄が戦争で廃墟と化したことなど知る由もなく、日本へ強制送還されることになったのだ。そして引揚者たちの、つらい戦後が始まった。

日本への強制送還は、敗戦の翌一九四六年二月、日本人抑留者二五六二人を高栄丸に乗船させておこなわれた。老朽船の高栄丸は、さながら日本の敗戦を象徴していた。同船は三月に横須賀の浦賀港に入港し、引揚者はそれぞれの故郷へと散っていった。沖縄出身者たちも広島県の宇品港に移され、そこから沖縄へと向かった。

日本国内で唯一地上戦が行われた沖縄は、地形が変わるほど焦土と化していた。故郷を後にしてから、すでに四〇年近くが経過している。引揚者たちにとっては厳しい生活環境であった。中にはニューカレドニアに行く前に妻帯し、幼い子どもを残して旅立った人もいる。愛する妻子のため旅先から仕送りをして、契約の五年ないしは四年の期限が来れば、また沖縄に戻るつもりだったろう。よもや何十年も彼の地に留まることなど、思いもよらぬことであった。沖縄に残された妻子もまた、夫が順調に仕送りを続け、四、五年もすれば沖縄に戻って来ることを信じて疑わなかったろう。ましてや音信不通の状態で何十年も戻らないとは、想像すらしなかったに違いない。その間、妻たちは地を這うような苦労をなめてきた。そして女手一つで子供たちを養育してきた。そんな状況下で裸一貫で出戻った夫を、すんなり受け入れるほど甘くはなかった。引揚者のなかには屋敷内の離れで暮らし、家庭内別居を余儀なくされた人もいる。もちろん、それをもって一般化することはできない。なかには良縁に恵まれて、新たな家庭を持った人もいる。

孤独な「フランスおじー」たち

村人は帰還者たちを「フランスおじー」と呼んでいた。地域によって呼び方は異なるが「ニューカレドニアおじー」とは言わずに、「フランスおじー」と呼んだのは、フランス語からきているのだろうが、そう呼ばれた当の「おじー」たちは、よく移住先の話をして気を紛らわせていた。そうした話には、どこか「フランスおじー」たちの孤独感が漂っている。

かといってすぐさま、ニューカレドニアに戻れる環境にはなかった。米軍の直接統治下に置かれた沖縄では、日本本土に行くのでさえ、ままならない時代である。ニューカレドニア側も、受け入れを拒んでいたので、とうてい行くのは不可能に近かった。

そうしたなかで、ただ一人ニューカレドニアに再渡航できた人がいる。旧羽地村仲尾次（現名護市）の上地善次郎だ。第二章で紹介した沖縄系二世のレオン・ウイチとマルセル・ウイチの父親である。

第二章でも書いたように、ニューカレドニアの一三人の子どもたちが渡航費用を出し合い、関係要路に働きかけて善次郎を呼び戻した。収容所から沖縄に送還された八年後の一九五四年のことである。善次郎のように一世移民のなかで再渡航できたのは、ごく稀だった。『ニューカレドニア島の日本人』の著者・小林忠雄は、一九七六年に旧移民と墓地を訪ねる「再訪の旅」をしている。その時、三人の一世帰還者を訪ねたが、その一人が善次郎であっ

上地善次郎とその子どもたちのコラージュ（マルセル・ウイチ提供）

た。彼のことを、次のように書いている。

「第二次大戦前もやはりこの地で今と同じように店とホテルを営んでいたが、昭和一六年一二月の開戦により豪州に抑留され、終戦後沖縄に引揚げた。八年間郷里にいたが、本島にいる子供さん達の尽力でまた本島に入国できたが、上地さんも他の在留邦人と同じく全財産を押収され、喪失してしまった。しかし子供さん達の協力で家屋敷を買戻し、今の商売を再開し、今日の安泰な生活を得たのである」（小林『ニューカレドニア島の日本人』一九八五年二版、ヌメア友の会刊）

善次郎のように再渡航できたのも稀有なことだが、その後、家屋敷を買い戻し商売を再開したのもめずらしいことである。一九八〇年に九一歳で世を去ると、現地の新聞は「最後の日本人死す」と大きく報じ、その功績を讃えた。日本国政府から勲六等瑞宝章が贈られたことは前章でも紹介したが、善次郎のことは、今でも「伝説の英雄」として時折、話題になったりする。彼の生涯そのものが「稀有な人生」と言えるかもしれない。

二〇〇六年八月、ヌメアのチバウ文化センターで開かれた「日系人写真展」関連企画の「シンポジウム」で、地元作家のダニー・ダルメラックが永田由利子と共同で発表した「日本人の逮捕とオーストラリアの収容所キャンプ」の締めくくりに、フランスの文豪・バルザックの「悲劇は強者にとっては踏み台となるが、弱者にとっては傷痕となる」という言葉を引用して、日系人を語っていた。ダルメラック自身も日本人とカナック人の血を引く三世だが、彼は「ニッポ・カナック」という言葉で、自らのアイデンティティーを表現している。

日系人が自らのアイデンティティーに目覚めたのは、一九八〇年代後半からである。一九九二年、ヌメアで「日本人移民百年祭」が行われ「アミカル・ジャポネーズ」（日本親善協会）の活動が活発化。ルーツへの関心も高まり、自らを日系人として社会に主張するようになったのだ。

父や祖父を失った沖縄系の二世・三世たちも、戦争の「傷痕」を抱えながら、戦後を生きることになる。沖縄との絆が途切れ「沖縄コミュニティー」を形成する機会が失われた沖縄系の二世・三世たちは、自分たちが沖縄系であることを知りつつも、そのイメージがつかめないまま、戦後を生きてきたのである。それは沖縄系の二世・三世にとどまらず、程度の差こそあれ日系人全体にも言えることではないか。情報の多いヌメアはともかく、北部州の日系人もまた、漠然とした「日本」のイメージはあっても、実像を結ぶことはなかったのではないか。

ニューカレドニアの移民史研究者であるフィリップ・パロンボ（現代史博士）は、「ニューカレドニアの日本人——適応成功例として」の中で、次のように書いている。

「日本人移民のニューカレドニア社会への適応能力は注目に値する。かつてヌメアのいくつかの地区で定着し、成功を収めていた仕立屋、商人、大工、床屋などの同業組合中にも日本人の姿が多く見られた。彼らにとって、現地の言語や習慣の習得は、いわば義務であった。一般に名字と宗教を別にして、日本人移民は根本的なアイデンティティーの転換を図った。それは日本から貧民としてやってきた移民たちが、新しい土地での生活を成功させるための手段であった。このようなスムースな同化は、それ以降も有効な切り札になったが、一時的にやってくる日本人の場合は、現地の人々と接触しても、完全に同化することはないといえる」（津田睦美編『FEU NOS PERES ニューカレドニアの日系人』所収）

要するに「成功を収めた日本人」たちは「生活を成功させるための手段」として、「根本的なアイデンティティーの転換」を図り、「スムースな同化」を果たしたというわけである。成功者たちが「同化」のために苦労したことを否定するものではないが、これまで見てきたような自らのアイデンティティーに対する懊悩を思うとき「スムースな同化」を手放しで評価するには、いささか躊躇せざるをえないのである。少なくとも「適応」が「成功例」と言えるためには、差別や戦争のトラウマから解放され、アイデンティティーの「転換」ではなく「獲得」こそが必要ではないのか。また、「同化」イコール「成功」という見方は、多様な価値観や、民族の多様性を肯定する二一世紀の価値観に照らしてどうなのか。

戦争のトラウマから日系人を解放するには、フランス政府が戦時中の日本人財産没収や強制収容に対する謝罪や補償について、何らかの措置を講ずることである。何を今さら、というかもしれないが、二世・三世たちの話を聞いていると、今からでも遅くはない、という気がしてならない。ちなみにアメリカは一九八〇年に連邦議会が日系人強制収容補償法を可決したのを受け、一人当たり二万ドルを該当する日系人に支払っている。支払い方法はいろいろあるにしても、大切なのはフランス政府の意思表示である。成熟した民主国家・フランスの名誉のためにも、あえて提言する次第だ。

ヌメアのホテルで電話帳をめくっていたら、「タマグシュク」とか「カナグシュク」とか沖縄姓の、それも古い読みの名前が出てきたのには、正直言って驚かされた。それにしても、いったいどれくらいの沖縄系の人がいるのか。

現在、ニューカレドニアの日系人はおよそ八千人といわれる。戦前にこの島に渡った日本人移民は、およそ五千人。このうち沖縄からは九〇〇人。比率は二割弱。この比率を現在の日系人に当てはめると、千数百人ということになる。推計とはいえ、あながち荒唐無稽な数字ではないように思う。これらの人たちがどのような戦後を送ったのか、そしてどのようにして失われた「まぶい」を取り戻したのか、次章で取り上げてみたい。

余録

近代化と伝統文化

首都のヌメアは、那覇や宜野湾あたりとよく似たまちだが、驚いたことにここでも朝夕の交通渋滞がある。都市への人口集中は、一方では北部の過疎となる。このため、ここでも沖縄と似たような「北部振興策」が話題となっている。ニッケル工場を誘致し雇用効果を高めよう、というのである。ヌメアにはフランスの大企業ル・ニッケル社が大きな工場を持ち、ちょっとした「企業城下町」の感があるが、北部地方には少ない。

ニッケル鉱山はいまも稼動し、この国の経済を支えている。昔のような手掘りではなく機械化されている。北部の山岳地帯で、山頂の山肌をむき出しにした鉱山を時たま目にする。「北部振興」の期待もかかる鉱山だが、雨が降ると赤土が流れ出し、海のさんご礁を汚染することもあるとか。地元作家のダニー・ダルメラックは赤土の流出を「血の涙」と言っていたが、沖縄と同じように、ここでも赤土による環境汚染は深刻な問題である。

フランス統治による「近代化」が進むにつれ、メラネシアンの伝統文化のあり方にも、大きな課題を投げかけている。公用語に指定されたフランス語は、島の隅々までいきわたり、メラネシアン部族の言語が衰退の一途にある。ニューカレドニア大学では、八つある部族のうち、二つの部族の言語を選択で学ぶことができるというが、沖縄語の衰退を抱える沖縄と、言語環境は共通するものがある。

初めての旅で島の中部のメラネシアンの村をダルメラックに案内してもらったとき、彼は伝統にのっとり、長老に布、タバコ、紙幣を添えて献上し、村に入って話を聞くことの許しを請うた。「クチウム」という伝統の儀式である。この習慣を無視すると、後で問題が生じたときに、やっかいなことになるらしい。

こうした伝統が残っているところもあるが、村の伝統祭事が廃れて、サッカーのような若者うけするものに変わったところも。かつて問題が起きたときなどに使われていたカーズ（伝統的家屋）の集会所などが、もう三〇年も前から使われなくなり、今は時おり訪れる観光客の見世物になっている。

かつては集落内で問題が起きると長老会議が開かれ、長老の「ツルの一声」で、問題が解決した。それなのに今では従わぬ若者が増えているとか。それで問題が解決すればいいが、不満を抱く若者はときに暴力に走る。またある者は対応できずに、精神障害に陥ることも。ヌメア近郊のヌーヴィルには、こうした障害を持つ患者を収容する精神病院がある。ここは一九世紀末にフランスの刑務所のあったところで、人々はここをなぜか「忘却の島」と呼んでいる。離れ島だったヌーヴィル島は現在陸続きとなり、監獄だった赤レンガ造りの建物は、しゃれた音楽ホールに姿を変えた。

公園の中に立つカーズ／ポワンディミエ

余録

独立運動と「チバウ文化センター」

現在、ニューカレドニアはフランスの「海外県」と位置づけられている。フランス領である。住民自治が生活や福祉などの面で容認されているが、本国から派遣される高等弁務官が駐在している。知事、議会、北部州、離島州などの行政機関が置かれ、本国から派遣される高等弁務官が駐在している。外交、警察、通貨、教育などに関しては本国政府が権限を握っている。ちなみに通貨は「パシフィック・フラン」と呼ばれるもので、同じフランス領のタヒチとここでしか使われていない。フランス政府への財政依存度が高く、生活物資もフランスやオーストラリアからの輸入に依存しているため、物価高である。しかし、他の太平洋の島々に比べれば、生活レベルは高い、といってよい。

長年の植民地支配に対し、一九八〇年代に独立の機運が高まった。八三年には北部のカナックを中心に運動が高まり、一時、ヌメアでは銃撃があり内戦状態になった。本国政府は三千人の警官隊を投入して鎮圧。その後、マティニョン協定を交わして十数年後に住民投票を行うことを約束、南部・北部・東

チバウ文化センター／ヌメア近郊

部離島の三州に自治権が認められた。

その後、一九八九年に独立穏健派のリーダーだったジャン＝マリー・チバウが暗殺され、ミッテラン政府は国家的事業として「チバウ文化センター」を建設し、カナックの先住民文化を保護する政策を打ち出した。施設は世界的な建築家として知られるレンゾ・ピアノが設計する。しかし約束の住民投票は実現されず、一九九八年ヌメア協定で住民投票は一〇年後に延期された。

その間、外交・通貨・財政を除き権限を地元自治体に移譲。しかし、その後も住民投票は延期され、二〇一六年現在もなお、住民投票に必要な条件整備ができていないとして実施されていない。

フランスは独立運動を鎮静化させるため、自治の保障、財政援助の拡大を図っている。ニッケル鉱山の資源確保のためには、譲れるものは譲ずるという構図が見えてくる。ニッケル鉱山を沖縄の米軍基地に置き換えれば、理解しやすいかもしれない。軍事基地といえば、フランス政府は司令部をヌメアに置き、島の南部に実弾演習場を持っている。本国では実弾演習はできないので、この島で行っているとのことだ。

フランス政府にとって、世界第二の埋蔵量といわれるニッケル鉱石の資源確保は重要だ。第二次世界大戦のあと、一九六〇年代に植民地の多くが次々に独立を勝ち取り、新興国としてスタートを切ったが、独立する力のない小さな島々では、今も大国の国旗が翻り、植民地状況が続いている。

ニューカレドニアも世界史の大きな流れからすれば、今も「未解決の島」ということになろう。この島だけではない。太平洋の中には、今も小さな島々が植民地にされている。否、太平洋だけではない。インド洋でもカリブ海でも、小さな島が忘れられたように植民地のまま置かれている。

翻って沖縄を見ると、やはり「未解決の島」と言わ

独立運動の集会に集まった人たち／ 2016 年 8 月ヌメア・ココティエ広場

ざるを得ない。アジア・太平洋戦争の終結とともに、沖縄を占領したアメリカ軍は沖縄から速やかに撤収すべきであった。ニューカレドニアに駐留した二万の米軍は、戦後、間もなく本国に引き揚げている。しかし沖縄では、一九五〇年代の朝鮮戦争、一九六〇年代のベトナム戦争などを理由に占領を継続した。

一九七二年の施政権返還後も、日本政府のおスミ付きでそのまま居座り続けた。沖縄本島の約二〇％を占有する米軍基地は、ほとんど手が付けられないまま住民生活を圧迫し、数々の人権問題を引き起こしている。長年にわたる広大な軍事基地の存在は、植民地状況そのものである。世界の「未解決の島」の状況は、決して遠い島のことではない。

第四章

「まぶい」を取り戻す沖縄系子孫

Après la guerre, les contacts entre parents d'Okinawa et de Nouvelle-Calédonie se sont limités à une poignée de familles, comme la famille Uichi. Ce qui a permis l'élargissement des échanges, c'est la création successive de l'Association Okinawa Nouvelle-Calédonie en 2006, puis de l'Association des descendants d'Okinawa l'année suivante. Ce système d'échange bilatéral organisé a permis à de nombreux cousins de se rencontrer. En découvrant leurs racines, les âmes qui erraient ont enfin pu trouver la paix.

Ce qui a déclenché la création de l'AONC à Okinawa, c'est le voyage de la famille Aubry en 2006. Ce voyage a permis de mettre en lumière combien le recueillement sur la tombe parentale, les visites auprès de cousins ou encore la participation au festival Uchinanchu se sont révélés efficaces et cruciaux dans la construction identitaire. Afin de soutenir durablement ce processus, la création d'une organisation structurée était nécessaire.

L'association d'Okinawa a donc été fondée en décembre 2006 dans la ville de Naha. Celle de Nouvelle-Calédonie, quant à elle, a été établie à Poindimié en juillet 2007. Pour accompagner son lancement, une première délégation de seize personnes a fait le déplacement depuis Okinawa. En novembre de la même année, trente-huit personnes de Nouvelle-Calédonie ont fait le voyage en sens inverse, ce qui a permis à plusieurs d'entre elles, dont notamment le président de l'association Jean-Pierre Zenkoro, de faire la rencontre de leurs cousins.

En novembre 2009, un deuxième groupe de quatorze personnes d'Okinawa s'est rendu en Nouvelle-Calédonie. Puis en octobre 2011, cinquante-trois néo-calédoniens se sont déplacés pour participer au cinquième festival Mondial Uchinanchu. Parmi eux, le maire de Poindimié Paul Néaoutyine, ainsi que des hauts fonctionnaires tels que le vice-recteur d'académie, M. Melet. Comme la fois précédente, ce voyage a été l'occasion pour beaucoup de rencontrer des parents perdus. Le maire Néaoutyine a également profité de l'occasion pour rendre une visite de courtoisie à son homologue de Nago, Susumu Inamine.

En novembre 2011, l'édification d'une « Maison d'Okinawa » a été achevée à Névaho. L'inauguration s'est faite en grande pompe. C'est Jean-Pierre Zenkoro qui a fourni le terrain pour sa construction, laquelle a pu être réalisée grâce à des aides de la municipalité. Cette maison est devenue le symbole des échanges entre les communautés. En juillet 2012, un festival commémorant le 120ème anniversaire de la présence japonaise en Nouvelle-Calédonie a été organisé, et l'Association Okinawa Nouvelle-Calédonie a envoyé une troisième délégation de quarante-neuf personnes pour y prendre part. Le maire de Nago, Susumu Inamine, ainsi que le président du conseil municipal, Yuichi Higa étaient du voyage. En plus de participer à la cérémonie, la délégation a rendu visite au maire de Poindimié, M. Néaoutyine. Le soir, ses membres ont également pu rencontrer des descendants de japonais de deuxième et troisième génération.

En 2016, une cinquantaine de néo-calédoniens se sont à leur tour déplacés à Okinawa pour participer au sixième festival Mondial Uchinanchu ; l'occasion pour eux d'échanger une nouvelle fois avec leurs parents respectifs et d'aller se recueillir sur la tombe des émigrants de première génération. Pour les descendants néo-calédoniens, ces dix années d'échanges bilatéraux avec Okinawa auront permis à la fois de découvrir l'archipel de leurs origines et de s'approprier leur identité.

(Traduction française : Miguel Dals & Alexandre Paccalet)

一世たちの足跡と妻たち

これまでに取材した二世・三世たちから聞いた一世らのライフヒストリーには、いくつかの共通点がある。それはおよそ次のようなことである。

①契約移民の多くがニッケル鉱山での厳しい労働に耐え兼ねて逃亡し、職を転々としながら東海岸で高瀬貝などの海産物採取に従事している。

②そこで得たお金で家や土地を借りたり購入し、カナック人女性などと所帯を持ち、定住化する。

③しかし、一世たちは太平洋戦争で逮捕されて強制収容所に送られ、島に残された妻子と分断される。

④一世たちの財産は没収されて競売に付され、残された妻子の手に残ることはなかった。

⑤一世たちは四年間のオーストラリアでの収容所生活の後、戦後、日本に強制送還され、なかには沖縄で新たな家庭を持つ人もいた。

⑥ニューカレドニアの家族とは、その後音信もなく、再会することもできないまま逝去した。（例外を除く）

人の人生はそれぞれである。その悩みや希望も一様ではない。それをこのように類型化することには、ためらいがないではない。それでも共通点を挙げるとすれば、以上のようなことに集約される。その共通する行動様式のなかに、沖縄の移民たちが背負っていた社会的背景や、沖縄人のメンタリティーが垣間見られる。

そもそも移民に出た動機からして、家庭の経済的事情があった。また、不慣れな鉱山での仕事を逃げ出して、東海岸で海産物採取に従事するようになったのも、沖縄人の海洋性的な行動様式の現れであろう。

一九九〇年代から高まったニューカレドニア歴史の見直しの中で、沖縄系にとっては沖縄との交流がさらに後押しされることになる。とかくフランスの歴史が主流を占めるこの島で、カナックはカナックの、ベトナム人はベトナム系の、そして日系人は日系の歴史を掘り下げることは、この島の多様な成り立ちを明らかにしていくはずである。チバウ文化センターのエマニュエル・カザレル館長は言う。

「この記憶は、今日ニューカレドニアの歴史的かつ人類的遺産の一部になっている。同時に、カナック人の歴史、そして流刑囚人、国外追放者、入植者としてやって来たヨーロッパ人の歴史、さらにインドネシア人、ベトナム人、ワリス人やフツナ人のたどった歴史とともに、ニューカレドニア史の一頁になっている。この国に根付いたそれぞれの記憶を共有し、その記憶の中に自分の居場所を見つけ、さらに総合的な歴史を集大成することによって、私たちの国は成り立っていく」(『FEU NOS PERES ニューカレドニアの日系人』の「はじめに」)

父祖を失った沖縄系の二世・三世たちも、「日本」への熱い思いを抱き続けていた。私は取材中、幾人もの人たちから「親戚を探してほしい」という相談を持ちかけられた。彼らのアイデンティティーは、いまだにさ迷いつづけている。先のカザレル館長のことばを借りて言えば「自分の居場所」を、いまだ見出せずにいるのかもしれない。

したがって彼らにとって、父祖のルーツ探しは、自らのアイデンティティー確立のための必要、かつ不可欠な作業なのだ。その意味で「空白の移民史」を埋めていく沖縄側からの作業は、ニューカレドニアの二世・三世たちにとっても、必要不可欠なことであった。つまりニューカレドニア側と沖縄側の同時的な営為が必要であったのだ。

交流組織のスタートと第一次訪問団の派遣

ニューカレドニアとの交流促進を目的に「沖縄ニューカレドニア友好協会」が那覇市で旗揚げしたのは、二〇〇六年一二月一九日である。この日、設立総会に参加したのは約四〇人。二か月前にニューカレドニアから四人の家族を迎えて交流したのを、さらに発展させようとしたものである。「会則」では、交流親善の促進をうたい、活動方針では、先方からの親戚探しやその目的で訪れる人たちへの支援を掲げている。ことの成り行きから私が会長に推されたが、副会長には沖縄県庁で国際交流を経験した安和朝忠、フランス語教師のミゲール・ダルーズ、事務局長に琉球大学講師の大石太郎、同次長にフランス語通訳の小出友視、会計に引揚者子孫の中村千鶴子の各氏が就任した。

私はこの会の発足を受け、カウンターパートとなるニューカレドニア側の組織化に動いた。特に沖縄との交流に熱い思いを抱き、仕事の面でも精力的に活動しているジャン＝ピエール・ゼンコロウに、中心となって動くよう要請した。そして東海岸で「ニューカレドニア沖縄日系人会」が発足したのは、二〇〇七年九月六日のことだった。私たちはその発足を祝うため、第一次訪問団の派遣を検討し、一六人からなる訪問団を送った。

北部東海岸のネヴァオの集会所で沖縄系の二世・三世たち約六〇人余が集まって旗揚げした。

「沖縄日系人会」の発足祝いで挨拶するジャン＝ピエール・ゼンゴロウ会長／ネヴァオの集会所

私たち訪問団は、首都・ヌメアから車でおよそ五時間余、道中、あらためて島の大きさと自然の豊かさを知らされた。

周りを熱帯雨林のような緑に囲まれたネヴァオ集会所には、近隣の村々から馳せ参じた人たちが、宴会の準備に余念がなかった。沖縄の訪問団一六人が到着すると、歓声を上げて出迎えてくれた。前年、取材で訪れた時に会った懐かしい顔や、「世界のウチナーンチュ大会」に参加したオブリー家のカナや、ルイたちの顔も見える。

会が始まると、長老のレオン・ウイチが歓迎のあいさつをした。彼は第二章でも紹介した地元・ポワンディミエで木工所を営む長老で、その穏やかな人柄は、村人の信望を集めている。

「この会の発会式が行われることは、沖縄出身の日系人の多い小さな村にとって、この上ない喜びだ。沖縄からのみなさんが、同じ家族の出身で以前から知っているように思えます。沖縄が我々を忘れることがないように、私たちも沖縄を忘れることはない」と。

次いで会長に就任したジャン＝ピエール・ゼンコロウがあいさつした。

「この日の来るのを待っていた。これは終わることのない交流の歴史の始まりだ」と力強く宣言した。感激のあまり彼の日は涙で潤んでいた。

訪問団を代表して私が「過去の悲しい歴史を乗り越え、新しい歴史を作ろう」と、応じた。そして「この際、皆さんに言いたいことがある」と前置きし、「皆さんのお父さん、おじいさんは、決して皆さんを見捨てたのではない。ここに戻ろうにも、戻れなかったのだ」と強調し、戦争で沖縄が焦土と化してお金もなく、また、その後も米軍の支配下で渡航が制限されていたことなどを、説明した。

太平洋戦争勃発でフランス官憲に一世たちが逮捕され突然姿を消したとき、事情を知らない幼い二世たちの中には「お父さんは、自分たちを捨てて行った」と思い込んできた人もいる、という話を聞いていた。二世・三世たちの受けた心の傷は、深いものがあった。

折からネヴァオ集会所は、篠つくような激しい雨に覆われた。一世たちの涙の雨だろうか。一九四一年一二月の真珠湾攻撃の日に、父親たちが逮捕され、オーストラリアの強制収容所に送られてから七〇年近い歳月が経つ。その間、島に残された妻や子は、血のにじむような生活に耐え、戦後を生き抜いてきた。二世・三世たちは「一体、私たちは何者？」という疑問を抱き、まぶい（魂）はさ迷い続けてきた。それは落としたまぶいを、探し求める長い旅でもあったのだ。

川井民枝（中央）のリードでマミドーマを踊る沖縄系の人たち／ネヴァオの集会所

第一次訪問団は「沖縄日系人会」の発足を記念し、沖縄の伝統楽器・三線を贈った。ニューカレドニアに渡った二番目の三線だ。一番目は、二〇〇六年の第四回「世界のウチナーンチュ大会」に参加したカナ・オブリーの八〇歳の祝いに沖縄で贈られた。

「沖縄日系人会」の祝宴はあいさつの後、訪問団に参加した八重山舞踊の川井民枝が諸見里安次の三線で八重山舞踊を披露、最後は全員で民俗舞踊の「マミドーマ」を踊り、盛り上がった。こうした芸能を通して、二世・三世たちが沖縄の文化を少しでも感じることができれば、との配慮があったからである。以後の訪問団の旅に沖縄の芸能はつきものとなった。

近年、ルーツを探す動きが高まり、沖縄系の人たちの間で沖縄に熱い眼差しが注がれるようになったのも、自らのアイデンティティーを求める動きに他ならない。つまり「まぶいぐみ」である。その橋渡しとなるのが「沖縄日系人会」である。

名称がこのようになったのは、東海岸一帯に住む沖縄系以外の日系人たちの参加も受け入れる、という配慮からと聞いた。この東海岸一帯では親の出身地に関係なく、同じ「日系人」として助け合ってきた歴史がある。会はその地域性を考えて組織化された。ともあれ県単位組織としては、初めてである。

ニューカレドニアには、ヌメアを中心に日系人で組織する「アミカル・ジャポネーズ」(日本親善協会)がある。しかし、東海岸の沖縄系の人たちの多くは、この会には所属していない。ヌメアから車で五時間余もかかる遠隔地ということもあるが、西欧的な生活環境のヌメアと、カナックの社会とでは感覚的に肌が合わないということもあるのだろう。ただ、ヌメアに住む沖縄系の人たちの中には、「アミカル・ジャポネーズ」に加入している人もいる。

私はある時、マリー=ジョゼ・ミッシェル名誉領事に「沖縄日系人会の発足で、アミカル・ジャポネーズは分裂したのか」と聞いたことがある。彼女は「これまで組織化されていない地域が組織化されたということであり、分裂ではない。沖縄日系人会は、ニューカレドニアと日本との六つある友好団体の一つである」と話していた。

私たち訪問団は、いつもヌメアで「アミカル・ジャポネーズ」の主催する歓迎会に招かれ、温かいもてなしを受けた。ローズ=マリー・タケ会長やミッシェル名誉領事が「沖縄日系人会」の結成に理解を示し、終始バックアップしてくれたことは、記憶されねばならない。

先陣切った三姉妹の邂逅

二〇〇七年の第一次訪問団員の一人・中村千鶴子が、津田の仲介でニューカレドニアのルーシー・テマタ（六八、当時）、ルイーズ・アブデルカデー（六六、同）と生まれてはじめて逢った。双方は、松田幸三郎を父に持つ異母姉妹である。ヌメアのホテルロビーでお互い顔を見るなり三人は抱き合い、いつまでも手を握り締め、離れようとしなかった。あたかも失われた長い歳月を取り戻そうとするかのように。言葉の壁を乗り越え、三人はすぐに打ち解けあった。「血は水より濃い」とは、このことか。

面会に同席していた私は、言いようのない感動を覚えた。双方ともに心のわだかまりがあったろうに、それを乗り越えて対面した。双方の勇気を讃えたいと思った。

三人の父親・松田幸三郎については、すでに第二章や第三章でも紹介したので重複は避けるが、戦後、松田は強制送還で日本へ引き揚げ、生まれ故郷の屋我地

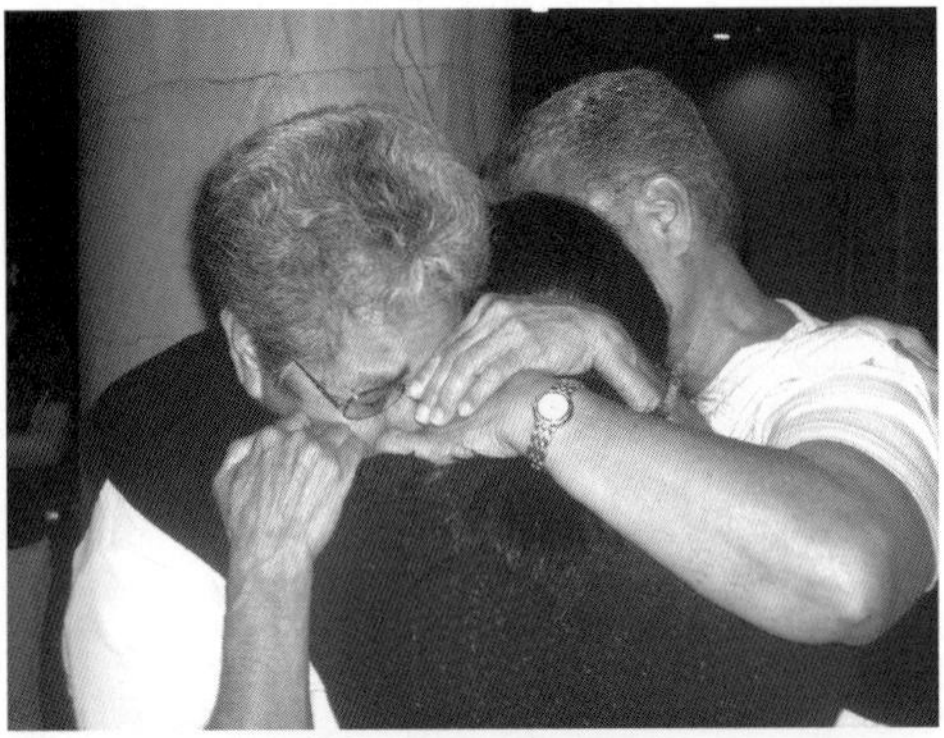

抱き合って涙を流す三姉妹／ヌメアのホテルロビー

ルーシー（右）、ルイーズ（左）と感激をかみしめる中村千鶴子

晩年の松田幸三郎（左端）と沖縄の家族／屋我地島（中村千鶴子提供）

に身を寄せる。戻る当てもなく、やがて同郷のアキと再婚し五人の子供に恵まれる。その長女が千鶴子である。松田はニューカレドニアの子供たちがいることを、包み隠さず妻のアキや沖縄の子供たちに語っていた。それがお互いの理解を助けたのだ。

子供たちは早く大きくなってニューカレドニアの姉たちに会いたい、と思い続けていた。最初にあったのは、二女のりえ子である。フランスのパリに住んでいる異母姉のナエコに、二〇〇六年に会いに行っている。妹に次いで今度は千鶴子がはじめて二女のルーシーと三女のルイーズに対面したのだ。千鶴子は長年の念願がかなえられたことに、言い知れぬ感動と喜びを隠しきれなかった。

数日後、ルーシーたちはヌメア近郊のモンドール公園に、沖縄からの訪問団全員を招いてパーティーを開いた。マツダの親戚が百人近くも集まり、地元の伝統料理・ブーニアや鹿の肉など盛りだくさんの手料理でもてなしてくれた。千鶴子は人気者だった。彼女と一緒に沖縄から来た妹・りえ子の長男・武宏（大学生・当時）は、親戚の同じ年頃の青年たちとサッカーボールを蹴り合い、すっかり打ち解けていた。

後日、千鶴子にこの時の感想を聞いたら「私たちは小さい時からニューカレドニアに姉たちがいることを聞かされていたので、早く会いたかった。二人の姉にあった時は、頭の中が真っ白になった。こんなにうれしかったことはない。ただ残念なのは、父が生きているうちに会いたかったことだ」と語った。

幸三郎が早いうちから、沖縄の妻子にニューカレドニアのことを包み隠さずに語っていたことが、功を奏したといえよう。

それから三か月後の一一月、こんどは姉のルーシーが、沖縄のきょうだいに会うために赤道を越えた。この時はニューカレドニアから三八人の訪問団が訪れた。日本国内を巡回していた「日系人写真展」の最終展示会が、那覇市で開催されるのに合わせて親戚訪問をした。幾組かの人たちが沖縄の親戚と初めて会い、あるいは再会している。

ルーシーは、名護市屋我地の亡き父・幸三郎の墓をはじめて詣でた。千鶴子たちが案内した。島の北側にある墓は、自宅から歩いて行ける距離にある。沖縄式に線香をたいて手を合わせた。

また、義母のアキにもはじめて会った。アキの家に泊まり、家族の一員として迎えられたことで彼女は安堵し、満ち足りた気持ちになった。これまでのわだかまりが、吹っ切れたかのようであった。こうして埋まることのなかった彼女のハートの半分は、次第に輪郭を形作り、埋まっていったのである。

世紀を超えた出会い

二〇〇七年一一月に沖縄系の二世・三世を中心に来沖した三八人の中には、親戚訪問や縁者を探す人もいた。そして幾組かの新しい出会いがあった。前年のオブリー家の訪問の話を聞いて、フェリックス・アラグシュクが娘のマリー＝ルイーズを伴って参加した。カナの父親・新城喜吉とフェリックスの父親の新城安森とはいとこ同士で、ともに旧羽地村親川の出身である。

フェリックスは、親川にある新城安森家の墓参りをした後、名護市内の老人ホームを訪ね、初めて異母姉の親川カナと対面した。奇しくも面会した一一月一一日のその日は、カナの九九歳の誕生日であった。父親の安森は、一九一〇年に生後一歳になるカナを残して、ニューカレドニアに旅立っている。

異母姉・親川カナと対面するフェリックス／名護市の老人ホーム

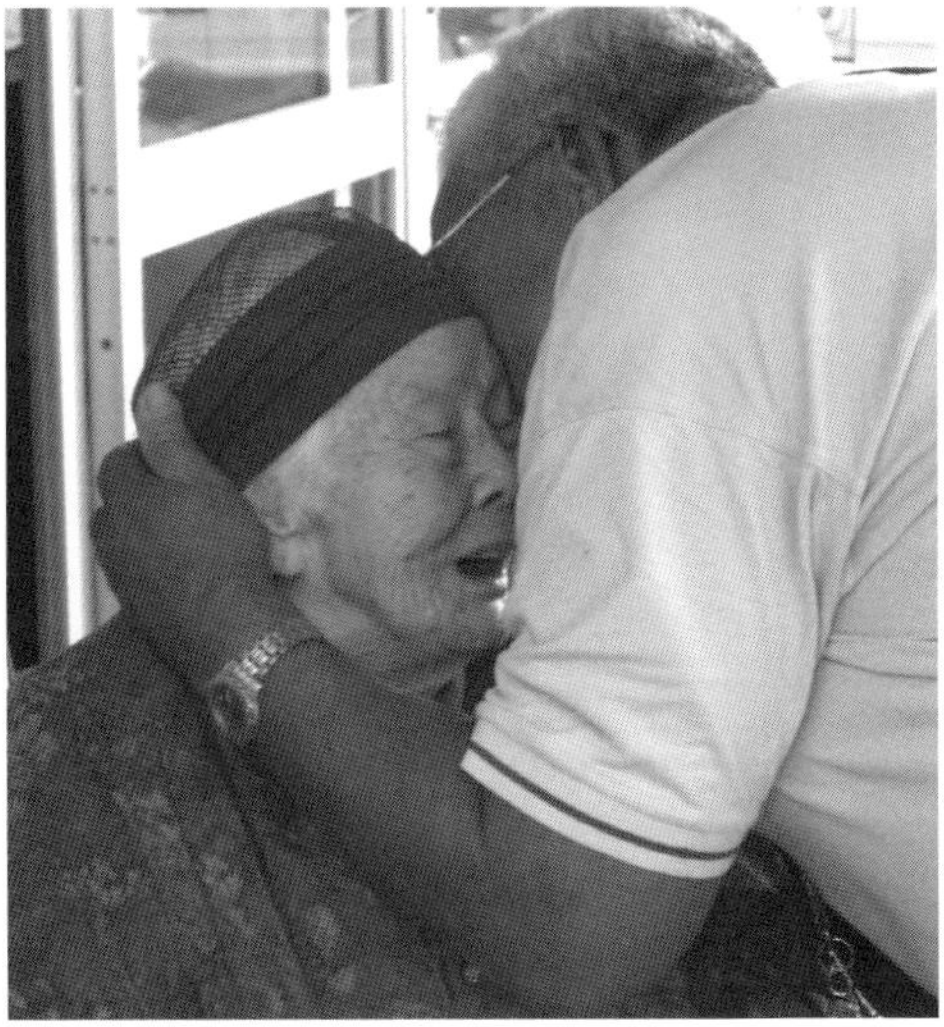
初めて弟との面会で感極まる親川カナ

ニッケル鉱山の鉱夫として四年契約の出稼ぎのつもりが、鉱山を抜け出して東海岸へ。そこでメラネシアン系の人と結ばれ、フェリックスたちが生まれた。しかし、洪水という不慮の事故で、安森は異土の土となった。故郷を出てから一世紀がすぎ、ここに姉弟が初めて巡り逢ったのだ。

姉のカナをじっと見つめるフェリックス。長い沈黙が流れた。言葉にならない胸中の高まる思いが、その顔に滲み出ていた。沖縄ニューカレドニア友好協会からカナに誕生祝の花束が贈られ、二人は肩を抱き合って記念写真に収まった。若いころから日本人と言われて差別され、時にはカナック人と言われ、己のアイデンティティーに悩まされ続けた彼は、ようやく自分のハートの半分を手に入れたのだ。あれから数年後の二〇一五年、彼は父親のいる天国へ旅立った。

糸満女性を思わせる元気者のロベルタ・コーキは、那覇市内で異母兄の玉城達蔵と初めて対面した。二人の父親は糸満市の玉城亀蔵である。体の不自由な達蔵を妻の時子がサポートして、糸満市での墓参りを果たした。

二度目の訪問となったセシル・ヒガは、名護市内でいとこの比嘉鉄也や、親戚の山城仁立らに迎えられ、市内にある墓にお参りした。

ニューカレドニアの北の端に近いウエゴアからやってきたヴィクトワール・ナカムラは、うるま市の甥の中村薫一家をたずねた。十数年ぶりの二度目の訪問である。先祖の仏壇に手を合わせた後、昔の写真などを見せてもらい、和やかに歓談した。

レンヌ＝マリー・シュノー夫妻は、那覇市内のまたいとこの座安弘家に宿泊し、家族ともども墓参りをしている。

幾度か沖縄を訪れている彼女たちは、すっかり座安家の一員である。

ウイチ家の人たちも、これまで何度か沖縄を訪れている。今回はルネといとこである名護市古我知の仲村春宅に泊まり、公民館で盛大な歓迎会が開かれた。

極めつけは、沖縄日系人会長のジャン＝ピエール・ゼンコロウである。彼はニューカレドニアを発つ直前、一枚のはがきを受け取った。日系人の調査をしている津田睦美からであった。はがきには沖縄にまたいとこがいる、と書かれていた。ジャン＝ピエールの祖父・玉城善九郎の兄・善八郎の孫である。その名は玉城勝夫。後に沖縄ニューカレドニア友好協会の二代目会長になる人だ。

勝夫にとっては、天から降って湧いたような話である。二人は初対面とは思えないほど、すぐに打ち解けた。屋我地島の先祖の墓を案内されたジャン＝ピエールは、墓前で勝夫と肩を抱き合い、男泣きに泣いた。同行した妻のセラも目を潤ませてい

墓前で男泣きに抱き合うジャン＝ピエール（左）と玉城勝夫／屋我地島

玉城家先祖の墓に手を合わすジャン＝ピエール（右）／屋我地島

た。墓は羽地内海の岸辺に面し、勝夫家の墓と先祖代々の墓の二基が並んでいる。岸辺の光景は、ジャン＝ピエール家の前のチャンバ川の河口とよく似ている。

その日、善九郎の生家に直系の親戚が集まり、仏壇に線香をたいて報告した。昔のアルバムが持ち出され、勝夫が一門の人たちを説明した。ジャン＝ピエールはその先祖の収まっているアルバムを持ち上げると、縁側に出て庭から見守っていた訪問団の人たちに大きな声で話した。フランス語だが「俺はついに見つけたぞ」と、誇らしげに叫んでいるように聞こえた。後日、ジャン＝ピエールは琉球新報記者のインタビューに答えて、次のように話している。

「(移民のことや自分の歴史ついて）恥ずかしさもあって一世、二世は語りたがらないし，三世たちも聞きにくかった。私も祖父が沖縄出身ということは知っていたが、沖縄がどんなところなのか、祖父は語らなかった（注・善九郎はジャン＝ピエールの生まれる前に亡くなっている）。私は二〇歳になる前から家族のこと、沖縄のことが知りたいと思い続けていた」

親戚の写真を誇らしげに見せるジャン＝ピエール

「日系人写真展」閉会パーティー／南城市「しゃんぐりら」

「ニューカレドニアの移民のことが研究され始め、沖縄ニューカレドニア友好協会ができ、いろんなことがわかり始めた。そして今回、自分の祖父が生まれたふるさとの土を踏むことができた」

「沖縄は私の一部。とても心地よく、家にいるように安心している。きっと沖縄本島の一部が離れて南半球まで流れていってニューカレドニアになったのではないかと思うような感じだ」

彼もまた、さまよい続けていた己のまぶいを、ようやく取り戻したのである。彼は「これからは毎年、沖縄に来る」と友好協会の役員に宣言し、それを実行した。一方の勝夫は突然の親戚出現を「天から降ってきた幸せ」と受け止め、ゼンコロウ一家と親戚づきあいを始めた。二〇〇九年の第二次訪問団にも夫婦で参加し、交流を深めている。

こうした幾組かの劇的な巡り合いもあって、ニューカレドニアと日本の一〇会場を巡回した「日系人写真展」のフィナーレを飾る沖縄南部の知念で開かれた閉会パーティーは、参加者にとって忘れられないものとなった。会場は友好協会の安和朝忠副会長が所有する大庭園「しゃんぐりら」である。庭内の植栽は、ニューカレドニアを想起させるにふさわしかった。南城市の古謝市長も参加し、沖縄とニューカレドニアの双方の親戚が紹介された。中村千鶴子たち会員による手料理がふるまわれた。ジャン＝ピエールが得意のギターをつま弾き、沖縄側は太鼓をたたき三線を弾いて踊った。

夕闇が迫り、いつの間にか空には月が煌々と照っていた。まぶいの宴は円陣を描いて、最高潮に達し、お開きとなった。ニューカレドニアから参加した女性たちの中には、感動のあまり涙を流す人もいた。あの涙は、いったい何だったのだろう。今でも不思議に思うことがある。

第二次訪問団の派遣

ニューカレドニア訪問団の二年後の二〇〇九年九月二日から一〇日まで、今度は沖縄から第二次訪問団一四人が出かけた。この時の団員には、ジャン＝ピエール・ゼンコロウ沖縄日系人会会長のまたいとこの玉城勝夫・郁子夫妻、ルーシー・マツダ、ルイーズ・マツダの沖縄側の異母弟・松田幸吉も初参加した。それに戦前、ニューカレドニア南部のゴロ鉱山で鉄鉱石を採掘していた野村財閥の末裔・野村千佳子山梨学院大学准教授や、日本近代史が専攻の我部政男同大学名誉教授も参加し、異色の訪問団となった。

ヌメアでは、近郊の「日本人之墓」を訪れ焼香した。大正期に建設された墓碑には、約二〇人の沖縄出身者の名前が刻まれている。その夜は「アミカル・ジャポネーズ」（日本親善協会）の歓迎会に招かれた。その歓迎会で「アミカル・ジャポネーズ」のみなさんが、ニューカレドニア友好の歌「マブイの架け橋」をフランス語で歌い、訪問団を驚かせた。

二日目に北部東海岸のネヴァオに向かった。「沖縄日系人会」の歓迎集会に参加するためだ。ポワンディミエの集会には、ポール・ネアウティン市長や、北部州の行政官も参加した。ここでも沖縄の芸能が披露されたが、ジャン＝ピエールはご機嫌で八重山の民俗芸能のアンガマの面をつけ、妻のセラと息の合った芸を見せ、やんやの拍手喝采を受けていた。

ポワンディミエで一泊し、市役所にネアウティン市長を表敬訪問した。ヌメアに戻る途中、ポネリウェンの「ナハシ・ホテル」で昼食をとった。マルセルの孫娘・グラジェーラが取り仕切っていたが、八五歳になるマルセルも元気な姿を見せた。

食事が終わると、団員の松本清市が持参した三線を爪弾き、八重山舞踊家の川井民枝が踊った。舞い終わると、身に着けていた紅型の打掛をマルセルに、八五歳の祝いとしてプレゼントした。マルセルは黄色地に赤く染め抜いた紅型の打掛をまとい、記念写真に収まった。八五歳の生年祝いは沖縄の風習でも特に大きな節目の祝いが行われる。マルセルは思いもよらないプレゼントに、大層うれしそうであった。

紅型のうち掛を贈った時の気持ちを、川井は次のように書いている。

「今年、八五歳になるマルセルさんは、とてもご苦労なさって来られたのでしょう。あいさつされたとき、遠いところを訪ねてきてくれて、ありがとう、と涙ながらに語っておられました。とても胸が打たれました。私は公式の歓迎会が終わっていたので、紅型のうち掛をその場で思いついて差し上げました。八八歳の米寿のお祝いが、向こうにあるかどうか知りませんが、お祝いのときにこれを着てほしいと、思ったのです」(第二次訪問団記録『マブイの架橋』)

川井のとっさの行動に、同行の訪団員も心打たれたことであった。

訪問団は南部のヤテ近くのゴロ鉱山跡や、ティオのニッケル

川井から紅型の打掛けを贈られたマルセル／ナハシ・ホテル

鉱山博物館、日本人初上陸の地などを見て回った。最終日の前日は、マツダ家による招待レセプションが、ヌメア近郊の宴会場で開かれた。百人近い一族が参加した。二人の異母姉・ルーシーとルイーズが主催したものだが、訪問団の一員として参加した松田幸吉は、妹の千鶴子に続いて再会をはたし、高いハードルを越えた。おそらく他人にはわからないであろう胸のつかえが、どこかで吹っ切れたようであった。彼もまた、「まぶい」を手にしたのである。

訪問団にヌメアから参加した日本語教師の山田由美子は、今回訪問の全体的な印象をこう書いている。

「いっしょにいらした皆さんも大変なスケジュールなのに、よくこなしたものだと感心してしまいました。こちらの歓迎振りも思いが一杯こもっていましたが、それに応えようとする皆様の態度も真摯で、それが重なって感動的な時が流れていたように思えました。また今回の交流が次回へと続くのが見えて、希望に満ちた時でもあったと思います。見ていた私もうれしく思いました。涙で目がうるむ場面がたくさんありました」（同『マブイの架橋』）

団員の一人として初めて参加した歴史研究家の我部政男は、訪問の感想をこう書いている。

「この度の第二次ニューカレドニアの旅では、魅力的な多くの人々にめぐりあいました。友好・親善の行為の抱える歴史的な課題は、移民史研究の場合、正直に受け止めれば、やはり悲壮で、重く辛い。その思いを必死に耐え、忘れずに生きる人の〝今〟にめぐり合う機会となりました。そして思いは、遭遇するニッケル鉱山の現地で、はるか過去の一時期にさかのぼります。想像力は、移民の暮らしの流れと末裔の方々にまつわる記憶へと向かいました。しかし、その暗く重い課題を正面から受け止め、過去の歴史によって作られた遺産を真摯に和解の方向に進める姿に、私は深く感銘を受けました」（同『マブイの架橋』）

若者たちの学びの旅

沖縄とニューカレドニアにそれぞれ組織ができたことの効果は、大人たちの交流だけではない。沖縄県が主催して海外子弟を招く「ジュニア・スタディーツアー」に参加できたのもその一つだ。これは海外の沖縄系の高校生を毎年、二〇人ほど県の予算で招待し、沖縄の自然、歴史、文化などを学び、世界各地から来た子弟との交流を促進するプロジェクトである。

これに参加するためには、海外の県人会組織などの会長推薦が必要だ。だから組織化されないと、推薦ができない。せっかく組織化されたので、このプログラムを活用してニューカレドニアの若者を招くことにした。ミッシェル名誉領事や、山田由美子たちの協力を得ながら、二〇〇八年から二〇一一年までの四年間に四人を招いた。

二〇〇八年の一回目は、ポワンディミエからモルガン・ヴォティニシ、二〇〇九年には同じ村のユキ・ルカイユ、二〇一〇年には中部のブルパリに住むオロール・ボナヴァンチュール、二〇一一年トノン・プリシアの四人の高校生が招かれた。いずれも一週間の研修を挟んで前後に一週間のホームステイという二週間程度の沖縄滞在である。

研修期間中は北部の山中でキャンプをし、史跡めぐりや平和学習をしながら、世界中から来た同世代の高校生たちと語らい、時には討論し、歌をうたって過ごす。最終日は那覇で研修中の感想を述べ、修了書をもらって解散するのだが、中には高ぶる感情で胸を詰まらせ涙を流す生徒もいる。一回目に参加したモルガンは、終了後の感想文にこんなことを書いている。

「私の村はポワンディミエの東海岸にあります。私はネヴァオという山あいで暮らしており、ジャン＝ピエールもセラも同じです。その山あいの村で、私たちはみんな日本の子孫です。曾祖父母も叔父、叔母らも日系人です。混血も多く、ちなみに私の祖父は日本人子孫ですが、祖母は白人のメラネシアン人でした。私の旅行は本当にいい旅行でした。なぜなら今まで旅行をしたことがなかったからです」（沖縄ニューカレドニア友好協会会報『L'ONC』NO.4）

彼女は遠い山あいの村からトゥントゥータ空港に来たが、時間に遅れて翌日になるというハプニングがあった。初めての旅で相当こたえたことだろう。那覇空港で彼女を迎え、屋我地島に連れて行ったとき、ジャン＝ピエールたちを見てほっとしたようだった。

翌年、二番手に来たユキは、やはり同じ村から来た。あらかじめ事情をモルガンから聞いていたと見えて、少し落ち着いていた。沖縄の歴史学習で首里城や、県立博物館などを見学し「興味深かった。沖縄の歴史について、これほど関心を持つとは思ってもみませんでした」との感想を述べている。

二〇一〇年に招かれたオロールは、ウエ

ポワンディミエから参加したモルガン・ヴォティニシ（右・2008年）とユキ・ルカイユ（左・2009年）

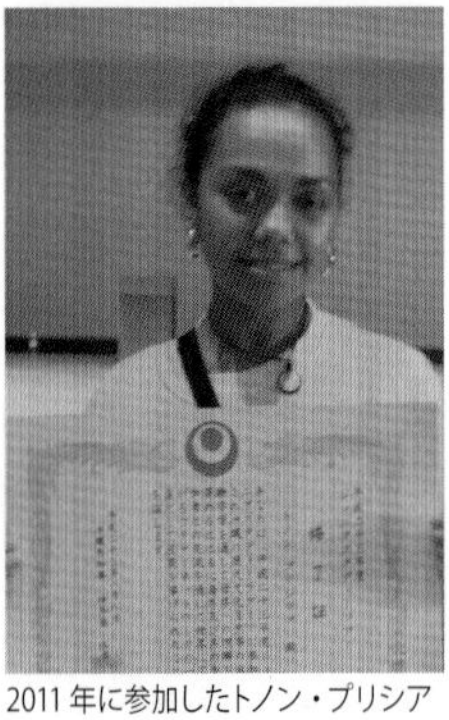

2011年に参加したトノン・プリシア

2010年に参加したオロール

ゴアの名嘉村加那の子孫（四世）である。ヌメアから北へ七〇キロほどのブルパリという町の出で、寮生活をしながらグランドヌメア高校に通っている。同校には山田由美子が日本語を教えているとあって、上手な日本語で自己紹介をしていた。いくつかのプログラムをこなしながら、その合間を縫って沖縄の中部の町・うるま市に住む親戚の中村薫じいさんを訪ねた。先祖の位牌に線香をたき、親戚の人たちのアルバムをめくりながら、しばし先祖返りに浸っていた。帰国後、彼女の沖縄訪問はヌメアの地元紙でも報道されている。

研修の合間に親戚の中村薫を訪ねたオロール／うるま市

二〇一一年にはトノン・プリシアが参加し、友好協会役員の赤嶺りえ子の家にホームステイしている。

このように高校生たちの沖縄研修旅行は、多感な年ごろだけに強い印象を残している。残念ながらプリシアのあと参加者が中断しているが、ぜひ継続して若人たちに沖縄体験をさせたいものだ。

若者の交流で思い出したが、二〇一一年四月に、ヌメアの山田真治、由美子夫妻の長男の佳洋君を、沖縄で企業研修してもらったことがある。彼はフランスのリヨン大学の大学院で経営学を学んでいたが、義務付けられている五か月間の企業研修を沖縄でしたい、と私に引き受けてくれる企業の紹介を頼んできた。

私はその心意気に打たれ、沖縄企業を代表するオリオンビール社の嘉手苅社長にお願いして、研修を引き受けてもらった。そのことを彼に報告したが、ちょうど東日本大震災で福島第一原発の放射能汚染が問題となり、大学側が日本への出国を停止、許可が出ないという。そこで彼は学長に直談判して、沖縄が被災地から何千キロも離れた安全な事情を説明してようやく許可をもらい、四月一六日から研修することができた。

期間中、彼はよく研修をこなし社員からもかわいがられた。地域のエイサー仲間にも入れてもらい、充実した体験をして沖縄を離れた。帰国に際し友好協会の会員が、居酒屋「か~らやま」でご苦労さん会を催して励ました。彼のような青年が、これからも出てくることを期待したい。

第五回「世界のウチナーンチュ大会」への参加

二〇一一年一〇月に開催された第五回「世界のウチナーンチュ大会」に、こんどはニューカレドニアから沖縄系を中心に五三人が参加した。思えば二〇〇六年一〇月、墓参に訪れたオブリー家の四人が、第四回大会に参加したのが最初である。しかしこの時は墓参が主な目的であった。大会が目的で参加するのは、第五回大会が初めてである。

第四回大会の後「沖縄ニューカレドニア友好協会」と「沖縄日系人会」が発足し、双方の組織的交流がスタート。その交流の成果が第五回大会への参加となって現れた。第五回大会のニューフェイスであり、「世界のウチナーンチュ」

ネットワークへの新たな参入であった。

ニューカレドニアから「ウチナーンチュ大会」に参加すると聞いた幾人もの人たちから「あそこにもウチナーンチュがいたのか」と尋ねられた。無理からぬことだ。一世紀以上も前に沖縄から彼の地に渡って以来、何十年もの間、情報が途切れていたのだから。

ニューカレドニアの移民社会では、南米やハワイなどのような「沖縄コミュニティー」が形成されなかった。言葉も文化も継承されず、ただ、夫や父親に対する熱き思いだけが残った。二世・三世たちは、自分たちが「日系人」であることは知っていても、具体的に日本や沖縄の実像をイメージすることは出来なかった。

この点について、ヌメアの移民史研究家のフィリップ・パロンボはこう述べている。

「父親以外が日本人ではない家庭で、バイタリティーある日本文化を伝えることは難しい。そのために、教育、言語、宗教は、自ずと母方のものを継承することになる。日本人としてのアイデンティティーは、良くて『エキゾチック』なものへの好奇心を抱く程度で、悪ければ無視されたままになる」(「ニューカレドニアの日本人」、津田睦美編著『FEU NOS PERES』所収)

しかし、双方の組織的交流は、沖縄系の人たちの茫漠たる沖縄のイメージを、より具体的なものとして提供した。それはまた、これまで自らを「日系人」として意識していた人たちに「沖縄系」という新たな意識を喚起することにもなった。その意識の変化が「世界のウチナーンチュ大会」への参加となって現れたのだ。

第五回大会は、この年の三月一一日に起きた東日本大震災や、その後の原発事故による放射能への不安から、一時

パレオを先頭にパレードするニューカレドニアの参加者たち／ 2011 年 10 月那覇市国際通り

は開催自体が危ぶまれたが、主催者側（沖縄県）では「大震災の被災地を元気づける」ことが目的の一つに加えられ、予想を超えて県外から七千人余が参加して開かれた。

大会前日の一〇月一一日には恒例の前夜祭パレードが那覇市のメーンストリート・国際通りで行われた。世界各地から馳せ参じた沖縄系の人たちは、思い思いの民族衣装などで身を飾り、参加地域を表すプラカードや幟を手にして行進していた。

ニューカレドニアから参加した人たちは、男はそろいのTシャツ姿で、女性はミッションローブの民族衣装で参加したが、ニューカレドニアを示す旗は持ってきていなかった。そこで私が持っていたニューカレドニアの土産にもらったパレオを差し出し、イヴァン会長に「これでどうか」と提案した。それはカラフルなニューカレドニアの地図にフランス語で「ヌーベルカレドニー」と書かれている。色彩豊かで芸術的だ。彼はそれを手にして、さっそく先頭に立った。

実は、大会参加の呼びかけで私と副会長のミゲールがニューカレドニアに出かけたとき、ヌメアの打ち合わせで前夜祭パレードを説明し「何かニューカレドニアとわかる旗のようなものを持参してほしい」とお願いしておいた。その時は「ニューカレドニアの公式の旗は、フランスの国旗である」という意見が出て、なんとなくそれに落ち着いていた。しかし、それを決めるのはニューカレドニア側なので、私はそれ以上口を挟まなかった。

ところが当日、その旗は手にしていなかった。後で聞いた話では、大会に参加する東海岸の青年たちから「これは俺たちの旗ではない」と反対意見が出た。結局、意見はまとまらず、手ぶらで来たという。フランス国旗に対するヌメアの人たちと、北部東海岸の人たちとの温度差が出たのである。

ちなみに国旗についていえば、独立派の人たちは独自の国旗を考案し、独立支持派の政党はこれを州議会議事堂などに掲げている。しかし、この旗を掲げて沖縄大会に参加するとなれば「この旗の下では参加できない」と言う人たちもいる。結局、どちらの旗も持って来れない事情がある。

ただ「世界のウチナーンチュ大会」は、必ずしも国単位の参加とはかぎらない。地域単位の参加もある。ハワイも「ナショナリティー」はアメリカだが、ハワイとして独自のアロハスタイルで参加している。他にもそういう例もある。だから国旗にこだわることはない。仮にフランス国旗を持ってきたとしても、フランス本国から参加した「沖縄県人会」もあるので、混同されたに違いない。大切なのは国ではなく、地域なのだ。いずれにしてもこのことでは、ニューカレドニアの複雑な政情を垣間見る気がした。

パレードでは、団長のイヴァン・オブリー会長やポワンディミエのネアウティン市長、マリー＝ジョゼ・ミッシェル日本国名誉領事（沖縄民間大使）らを先頭に行進した。「ヌーベルカレドニー」と染め抜いたカラフルなパレオが宙に舞い、用意した軽快な音楽に合わせて、ミッションローブのロングドレスの花が咲いた。ウイチ家の孫ジェラールが、用意していたベルを鳴らして右へ左へ激しく動き回り、行進団を盛り上げた。ハッスルのあまり転んで足首を捻挫した。まるで皆の思いが爆発したかのようであった。沿道には大勢の市民が並び「お帰りなさい」「ウェルカム」など声をかけていた。

翌日一〇月一三日の『沖縄タイムス』朝刊は、パレードに参加したニューカレドニアの一団を大きな写真で一面トップを飾っていた。「故郷に錦　四五〇〇人行進」の大見出しの上に喜びを満面にたたえたミッションローブの女性たちが躍動していた。同紙の社会面にはパレードに参加したルーシー・マツダが取り上げられ「沖縄のきょうだいと交流／複雑な感情氷解　晴れやか」との見出しで報じていた。ルーシーは語る。「過去にはいろいろあったけど、気持ちを通わせることができて、すごく幸せです」と。

那覇セルラースタジアムで三万人を集めて開かれた開会式には、そろいの黄色いTシャツ姿で参加し、世界から来た人たちと喜びを分かち合った。参加国の紹介でニューカレドニアの名がアナウンスされると、総立ちとなり歓声を上げた。翌日はそれぞれ一世の出身地で行われる各市町村別の歓迎会に参加。親戚の人たちと墓参りをした。

この訪問団のなかに、新たに沖縄の親戚と巡り合った人がいる。エミリアン・コーキだ。彼は旧北谷町（現嘉手納町）屋良の宮城恒基の孫である。ジャン＝ピエール・ゼンコロウ同様、名前の「恒基」を姓と勘違いして、一族の姓を「コーキ」と名乗るようになったのだ。

沖縄の親戚・小渡ハル子と面会したエミリアン／那覇市内のホテル

親戚探しを兼ねて参加した今回の旅行で、宮城恒基の親戚探しの記事が、津田の情報提供で『琉球新報』社会面に掲載された。その朝に「宮城恒基は私の祖父です」と私の自宅に電話があった。電話の主は沖縄県婦人連合会の小渡ハル子元会長である。新聞社にいたころからの知り合いで、彼女はその縁で電話をくれたのだ。エミリアンにそのことを伝え、ホテルに来てもらった。

二人は会うなり、抱き合って喜びを分かち合った。エミリアンは「長い間、捜していた。会えてとてもうれしい」と率直に語り、小渡は「おじいちゃんに顔が似ている」と感慨深そうに見つめた。対面の様子は、翌日の『琉球新報』の社会面トップを飾った。

翌日、エミリアンは沖縄市にある恒基の墓参りをした。「やっと会えた」とルーツにたどり着いた喜びをかみしめていた。ちょうどその日は、恒基の孫にあたる喜屋武茂のトーカチ（八八歳）の祝いが予定されていたので、エミリアンは招かれて、百人近い一族の大歓迎を受けた。無口な彼は素早い展開に驚きながらも、喜びは隠しきれなかった。

恒基の親族探しについては私も以前に、コーキ一族のロベルタから頼まれて、嘉手納町屋良に宮城家を捜しに行ったことがある。三軒ほど宮城姓を見つけて調べたがいずれも関係なかった。「多分、元の家は嘉手納基地の中ではないか」という土地の人の話で、探すのを諦めた。

小渡ハル子の話によれば、宮城家は戦後、外間姓に改姓し今は沖縄市に本家があるという。改姓していたことが家探しを困難にしていたのだ。恒基はもともと外間であったが、宮城ウトと結婚して宮城姓に変えている。ニューカレドニアに出稼ぎに行く一九〇五年より前に結婚していて、カマダ、カミ、三郎の三人の子供がいた。長男の三郎は、恒基がニューカレドニアに行く年に生まれている。

長女のカマダは喜屋武政正との間に正夫、茂、信子、光子、正幸、郁子の三男三女に恵まれる。また、長男の三郎はウシとの間に、清昌、三郎、ハル子の二男一女をもうけている。戦後、清昌の代になって、祖父の父方の姓である外間に復姓している。

ニューカレドニアに出稼ぎに出た恒基は、ティオに到着した後、翌年には鉱山を逃亡し、島を転々としながら東海岸のプユというカナックの村に落ち着く。農業やマガザン（雑貨店）をしながら暮らし、エミリー・ヴォルシーとの間に六人の子供をもうけている。エミリアンは次女のカミーユの長男で、その姉がロベルタとエミリアンヌである。（津田「ウチナーンチュ大会とニューカレドニア沖縄移民」『成安造形大学紀要』第三号参照）

恒基は強制送還で日本に送り返されたとき、名古屋の引揚者援護局で、偶然にも復員してきた孫の清昌に会っている。清昌は働いていた大阪で急死した父・三郎の遺骨を抱いていた。恒基にとっては、息子との不幸な再会であった。沖縄に戻った恒基の家屋敷は、やはり広大な嘉手納米軍基地の中に取り込まれていた。こうして恒基の戦後が始まった。それから数年後の一九五二年に恒基は七七歳でなくなる。恒基のニューカレドニアの親族が見つかったのは、まことに幸運としか言いようがない。これを契機にニューカレドニアのコーキ一族と、沖縄の恒基家との熱い交流が始まった。

「世界のウチナーンチュ大会」期間中、ネアウティン市長は名護市に稲嶺進市長を訪ね、今回の招待のお礼を述べ「ぜひニューカレドニアを訪問してほしい」と要請した。稲嶺市長は「機会を見てぜひ訪問したい」と答えている。事実、稲嶺市長は翌二〇一二年七月四日に、ニューカレドニアのティオで開催された「日本人移民一二〇年祭」に派遣された第三次訪問団とともにニューカレドニアを訪れた。

第五回大会での交流は、その他にもポワンディミエ市のレイモン・ヴォティエ中学校と名護市の屋我地中学校との交流促進や、ニューカレドニア空手連盟との空手古武道の交流祭などにも広がった。中学校の交流は、世界のウチナーンチュ大会の「一校一国運動」の一環として行われたが、同中学校の座間味玲子教頭が、とても熱心に取り組んでくれた。また、ポワンディミエの校長も好意的であった。

稲嶺名護市長（左）に訪問を要請するポワンディミエのネアウティン市長／名護市役所

大会参加者と屋我地中学校との交流／同中学校体育館

空手交流は副会長のミゲールが『沖縄空手通信』のニュースレターを海外に発信しており、ニューカレドニア出身でヨーロッパチャンピオンのミン・ダックを一〇月の大会前に招いて交流した。名護市の国際交流会館で開かれた「空手シンポジウム」が『琉球新報』（一〇月九日）で報道され、合わせてニューカレドニアに「沖縄の家」が来月開所し「県系人の交流拠点に」なることも報じられた。ニューカレドニアから事実上の初参加ということもあって、マスコミの関心を引き、報道される機会も多かった。これら一連の報道を通して、ニューカレドニアの沖縄系の存在がより認識されるようになった、といってよい。

大会事務局の集計によると、この時の大会参加者は七三六三人。このうち海外参加者は五三一七人。北米からの参加者が三一二〇人（このうちハワイが一〇六〇人）と最も多く、次いで中南米の一九二六人、アジア一三七人、ヨーロッパ五一人、オセアニア六六人となっている。オセアニアのうちニューカレドニアが五五人で大きな比重を占めている。

前回大会と比べて増えたのがブラジルで、前回の四三六人から一気に一二一三人と増加。また、国内参加者も前回大会の五四四人から二〇四六人と増えている。ブラジルからの参加者が急増したことについて『琉球新報』一一月六日の解説記事は「海外県人会関係者によると、南米などで比較的若い県系人の間で自分のルーツ探しが流行しているといい、それも参加者増の一因のようだ。世代交代や現地化が進む中、沖縄にアイデンティティーを求める意識が強まっている面もうかがえる」と分析している。

ニューカレドニアの沖縄系の「ルーツ探し」とも共通するところがある。日本国内からの参加者増については、会場を前回大会まで使われていた沖縄コンベンションセンター（宜野湾市）から、収容人員の多いセルラースタジアム那覇に変更したことを挙げている。

ところで、ニューカレドニアに関していえば、同政府要人が、沖縄に強い関心を示してきたことだ。北部州知事を兼務するポール・ネアウティン市長の参加はそのことを示している、同市長はかねてから名護市との友好都市の提携を希望している。女性で文化・国民の権利担当のゴロデー・デヴェ長官、イブ・ムレ教育長、フランス政府のアルマン・アプルゼズ北部州行政官も「世界のウチナーンチュ大会」に出席、随行者を含めると一〇人近くが参加している。「世界のウチナーンチュ大会」に、ニューカレドニアの政府関係者が、これだけ視察に来るのは不思議な感じがした。しかし、その謎が間もなく解けた。

交流の拠点「メゾン・ド・オキナワ」の建設

ジャン＝ピエール・ゼンコロウ会長が、ポワンディミエのチャンバ川近くに、「メゾン・ドキナワ」（沖縄の家）を建設する、と私たちに打ち明けたのは、二〇一一年の四月二一日、ネヴァオだった。交流が始まってからわずか五年後のことだ。北部州政府の補助を得て、レストラン、集会室、展示室兼事務所などを備えた施設を、早ければ二〇一一年の夏にも完成させるという。「メゾン・ドキナワ」は、日本式にいえば「メゾン・ド・オキナワ」ということになるが、フランス語ではオキナワの「オ」が省略され、「ドキナワ」と続けて発音するようだ。ここではわかりやすいように、日本式に表記する。

建設予定地は、チャンバ川のほとりにある彼の自宅の敷地を一部提供して建設する、とも。過去五年間、毎年、夫妻で沖縄に来て交流を重ねてきたが、彼の熱い思いが、ポワンディミエ市や北部州政府を動かしたのだ。そして一〇月の「世界のウチナーンチュ大会」に政府要人が視察を兼ねて参加となったのである。

「メゾン・ド・オキナワ」の落成祝いは、二〇一一年一一月一二日に行われた。

「メゾン・ド・オキナワ」の落成を祝う人たち／ネヴァオ

前月の「世界のウチナーンチュ大会」の余韻が、まだ冷めやらぬ頃だった。そのお祝いに私は沖縄ニューカレドニア友好協会を代表して、一人で出かけた。風光明媚なチャンバ川沿いに、鉄骨でできた集会所には、前日から若者たちがヤシの葉などで飾り付けをしていた。

ちょうどその日に、近くのネヴァオ集会所でウイチ一族の年に一度の集まりがあると聞き、顔を出した。この集会所は、ちょうど五年前「沖縄日系人会」の設立祝いをしたところである。

一族の集まりには、七〇人ほどが来ていた。壮観であった。一世はもういない。二世が八〇代、三世が五〇代から六〇代である。四世・五世の若者の顔も見える。請われるままに私もあいさつし、一世の上地善助・善次郎兄弟の功績を讃えた。近くにある善助の墓にも案内してもらい、手を合わせた。善次郎の墓はここにはなく、ポネリウェンの「ナハシ・ホテル」の近くにある。

「メゾン・ド・オキナワ」のお祝いは、カナックの伝統儀式である「クチウム」から始まった。この日の「クチウム」は、ゼンコロウ一族の土地提供に対するお礼という形で進められた。ネアウティン市長、イヴァン・オブリー沖縄日系人会二代目会長、それに私の三人が感謝のあいさつをした。そして恒例として布などが贈られた。

私はこれまで幾度となくこうした「クチウム」の儀式に立ち会ってきた。

上地善助の墓に集まったウイチ一族／ネヴァオ

それはカナックの伝統的な儀式だ、と割り切っていた。しかし、この儀式には何かメッセージが込められているのではないか、と思うようになった。それは何かと言えば「この土地はここの村落共同体のもので、共同体以外の何人たりとも共同体の同意なしに、勝手に使うことはできない」ということである。

もちろん土地の個人所有を前提とする近代法からすれば、このような共同体所有の規制は相いれないかもしれないが、それでもこうした「クチウム」という儀式をすることで、自分たちの土地を、自分たちの了解なしに勝手によそ者が使うことはできない、というメッセージを発信しているのではないか。過去にフランスによる植民地支配で、土地を奪われた先住民たちの、それは精いっぱいの抵抗ではないのか。それを伝統的な儀式というオブラートに包んで演じているのが「クチウム」ではないのか……。

そんなことを考えているうちに、広場ではカナックの家造りの際の群舞が演じられた。ヤシの葉で身を飾り、柱のようなものを立てて、家の完成を祝っていた。私の子供のころ、石垣島でもこうした木造の家造りの儀式を見た記憶がある。ポワンディミエの小・中学生たちによるポリネシアンダンスも披露された。

「メゾン・ド・オキナワ」の中では、落成を祝うテープカットが行われた。ネアウティン市長、イヴァン会長、アプルゼズ北部州行政官に私の四人が

ウチナーンチュ大会の写真に見入るポワンディミエの人たち／メゾン・ド・オキナワ

「メゾン・ド・オキナワ」の落成式でテープカットをする。左からネアウティン市長、三木顧問、イヴァン・オブリー沖縄日系人会会長、アプルゼズ行政官／ネヴァオ

カットした。そのすぐ後ろにマリー＝ジョゼ・ミッシェル名誉領事と、ジャン＝ピエール・ゼンコロウ前会長の二人の「沖縄民間大使」が控えていた。

お祝いのあいさつで、テープカットした人たちは「このメゾン・ド・オキナワが沖縄との交流のシンボルとなり、誰もが活用できる施設となってほしい」と祝辞を述べていた。つまり、この施設は沖縄との交流のシンボルであると同時に、誰でも利用できるこの地域の大切な施設なのである。

この完成を誰よりも喜んでいるのは、今は亡き一世たちかもしれない。苦労の連続であった彼らにとって、この施設はその苦労に報いる何よりの贈り物であった。先祖の土地を提供したジャン＝ピエールは、初めて私と出会った五年前を振り返り「つい昨日のようだ」と、目を潤ませていた。この短い言葉に、彼の万感の思いが込められている。ジャン＝ピエールは祖父・玉城善九郎が残してくれた広大な土地の一部を、沖縄との交流に役立てることで、祖父や父たちへ恩返しをしたことになる。

「メゾン・ド・オキナワ」から、東に二〇〇メートルのところにジャン＝ピエールの自宅がある。五年前、彼はベランダのテーブルに広げた沖縄の地図を見ながら「ぼくのルーツは一体どこだ？」と尋ねたものだ。成人してこの方、彼のまぶいは宙をさまよい続けていた。それがこの五年間の沖縄との交流で、急速になぞが解け、彼のまぶいは「居場所」を見つけ、落ち着いてきたのだ。

「メゾン・ド・オキナワ」に並置された小さな資料室の壁には、前月の「世界のウチナーンチュ大会」の写真がところ狭しと貼られ、集まった人たちは食い入るように見ていた。ヌメアから参加した山田真治・由美子夫妻や、ニューカレドニア政府の教育庁で働く日本人女性たちは、和服姿で参加し花を添えていた。テーブルには料理が出され、ギターの演奏が行われ、時間を忘れて歓談した。朝から始まった祝宴は、ネヴァオに夕闇が迫るころまで続いた。

日本人移民一二〇年祭と第三次訪問団の派遣

二〇一二年は一八九二（明治二五）年に熊本移民六〇〇人が広島丸で上陸してから、ちょうど一二〇年目にあたることから、「アミカル・ジャポネーズ」（日本親善協会）では「日本人移民一二〇年祭」を挙行した。記念祭は日本人の上陸地である東海岸のティオで行わ

松田幸吉が設計した慰霊碑／南部東海岸ティオ

れた。同地にある日本人墓地に新たに建立される慰霊碑のお披露目も兼ねて行われた。

　今回、新たに建立された慰霊碑は、ステンレス製で高さ四メートル、幅三メートルで、ステンレスのアーチに十字架を配している。ステンレスはニッケルから作られる。アーチは日本とニューカレドニアとの架け橋をシンボル化したものだ。墓碑には同地で亡くなった日本人二三九人の氏名が漢字で刻まれた。津田睦美が、同地の死亡証明書と移民名簿を照合して漢字化した。

クチウムをする稲嶺名護市長／ポワンディミエ

　慰霊碑の設計は、那覇市内で建築設計事務所をしている松田幸吉である。一世移民・松田幸三郎の長男で、これまでニューカレドニアを訪問し、異母姉のルーシーたちと交流してきた。津田の提言に全員が賛同して、松田の設計となった。

　こうした一二〇年祭の事前情報をもとに、沖縄ニューカレドニア友好協会では第三次訪問団の派遣を計画した。私の後任に就任した二代目会長・玉城勝夫を中心に、舞踊、エイサー、空手などの沖縄芸能を加え、四九人もの訪問団となった。特に前年にポワンディミエのネアウティン市長に訪問を約束していた名護市の稲嶺進市長と、比嘉祐一市議会議長の二人が訪問団に参加したことは、その後の交流に弾みを

訪問団を迎えて日本語で「ふるさと」を歌うレイモン・ヴォティエ中学校生たち（2012年7月／ポワンディミエ）

つけた。

稲嶺市長らはポワンディミエの市民グランドのカーズ（カナックの伝統的な家）の前で「クチウム」をした。贈り物の布を前にネアウティン市長の招待に謝辞を述べた。グランド近くにある体育館では、ポワンディミエにあるレイモン・ヴォティエ中学校の生徒が日本語で「ふるさと」を合唱して一行を歓迎した。これは同校に前年から配置された日本語教師・前野りりえが指導したもので、この日も同教師が指揮をとった。日本語教師の配置は異例のことで、前年に座間味中学校を訪れたニューカレドニア政府教育庁のムレ教育長の配慮によるものと聞いた。

この日、稲嶺市長と比嘉議長は、ポワンディミエ市役所にネアウティン市長を訪問し、相互交流について話し合った。稲嶺市長らは近くの小中学校も視察した。同校では糸満市の古武道太鼓集団「風之舞」が勇壮なエイサーを披露して生徒たちの喝采を博した。

ネヴァオの「メゾン・ド・オキナワ」（沖縄の家）では、沖縄ニューカレドニア友好協会から送られた魔除け獅子「シーサー」の除幕式に参加。夜はホテルの中庭で歓迎会が行われ、稲嶺市長らは名護市出身の子孫らと歓談して記念撮影に収まっていた。

また、親戚訪問では、玉城会長夫妻をはじめ、松田幸吉、仲村留美子（上地家）、それに前年、親戚の見つかった宮城恒基の孫たち六人が訪問団に加わり、親戚交流の輪が一段と広がった。特に孫にあたる比屋根光子たちは祖父が住んでいた東海岸のプユに足を延ばし、屋敷跡などを確認して亡き祖父を忍んだ。案内したのはニューカレドニアの恒基の孫たちであった。

その翌年（二〇一三年）八月、ニューカレドニア側の三世であるエミリアン・コーキ（六七）と妹のクリスチアーヌ（五九）が沖縄を訪れ大歓迎を受けた。沖縄市の結婚式場を借りて催された歓迎会には、大勢の親族が集まった。エミリアンは「遠く離れた家族と会うことができてうれしい。これからお互いのことを知っていきたい」と前向きな感想を述べている。姉妹はプユで祖父がよく足を運んでいた浜辺の白砂を持参し、恒基の墓に撒いている。また、墓には沖縄式の平お香や花束をささげていた。

後日、私はニューカレドニアの親戚との交流に積極的だった比屋根光子に話を聞いた。

「プユに祖父の住居跡を訪ねたとき、周りの風景が沖縄とあまりにも似ていることにびっくりしました。戦後引き揚げてきてから、祖父はよく私たちの家に遊びに来て、向こうの話をしていました。祖父は向こうの長女は美人だよ、と自慢していましたが、その話をすると祖母（ウト）はいい顔をしませんでした。私の母（カマダ）が、これからきょうだいは増えることはない。だからニューカレドニアのきょうだいたちを大事にしなさい。大きくなったら必ず向こうに行って会ってきなさい、といつも話していました」

こうした母親の大らかな対応が、光子たちの足を積極的に向かわせることになったのだ。異母兄弟に対するこのような対応には、どこか沖縄的なところがある。沖縄の血縁組織（門中組織）の反映かもしれない。それはまたニューカレドニアのメラネシアンの一族を大切にする価値観とも、共通するものがあるような気がする。

さて、最終日にティオで行われた一一〇年式典に訪問団も参加し、川井民枝の舞踊団による琉舞も披露された。日本人墓地では宮野照男、敬介兄弟の歌三線と、川村実知男の横笛よる「トゥバラーマ」が奉納された。「トゥバラーマ」は、その時々の思いを「トゥバラーマ」のメロディーに乗せて唄う八重山の代表的な情歌である。演奏者の宮野に請われるままに私が作詞した。

演奏者の前の慰霊碑建立予定地には、緑がかった一抱えもあるニッケル鉱石が置かれていた。「トゥバラーマ」の奉納歌が静かに流れて、鉱石を包み込んだ。日系人の歴史は、実にこの鉱石から始まったのだ。

ニッケル鉱石を前に奉納トゥバラーマを演奏する宮野照男・敬介兄弟／ティオ

奉納トゥバラーマ

作詞　三木　健
方言監修　宮野照男

夢《いみ》ば抱《だ》ぎ　ぱるだ南《ぱい》ぬ島《すま》
戦世《いくさゆ》なり　家内《きない》ん別《ば》ぎられ

戦世のあわり　妻子《とずふぁ》ぬ肝《きむ》やまし
今日ぬなまでぃ　思《うむ》いば残し

忘《ばす》きん忘きらるぬ　親《うや》ぬ面影《うむかぎ》
トゥバラーマ歌聴《す》き　肝ゆすらしょうり

親やおーらんてぃん　島や遠さてぃん
マブイぬ大橋《うふばし》　架きてぃ渡ら

（共通語訳）

夢を抱いて　はるばる行った南の島よ
戦争になってしまい　家族が別れ別れになってしまった

戦世のつらさは　妻子の心を痛め
今日の今まで　その思いは消えることがない

忘れようとて忘れられない　親の面影
トゥバラーマを聴かれて　どうか心を安らかに
なさってください

たとえ親はいなくなっても　島がどんなに遠く離れていても
心の大橋を架けて　渡って行こうではないか

植民地支配と戦争トラウマ

これまで主に沖縄系のアイデンティティーにこだわり、その確立への問題を取り上げたが、それはニューカレドニアの日系人全体の問題でもある。さらに言えば、この国を形成しているカナック人、インドネシア人、ベトナム人の問題でもある。しかしルーツへの関心とこだわりは、民族によって温度差がある。

私はニューカレドニアにインドネシアから移住してきた三世と話したことがある。彼の祖父もニッケルの鉱山労働者として二〇世紀初めに移住しているが、沖縄系の人たちがルーツに強い関心を持っていることに、驚いていた。個人差もあろうが、ルーツなどどうでもいいとまでは言わないが、住んでいる現実にこだわる、という。彼の祖父の場合、日本人一世が逮捕され、強制収容されたような経験はないので、孫である彼の受け止めに温度差が生じるのは当然かもしれない。しかし、その温度差こそが、戦争によるトラウマなのである。

先住民のカナック人の場合は、かなり事情が異なる。植民地支配者であるフランス人とは、歴史的に支配者と被支配者の関係にあったからだ。一九世紀末にフランスによる大規模な土地接収に抵抗して多数のカナック人が犠牲になり、死者や流刑者を出している。それのみか一八八七年に「原住民法」が制定され、先住民は保留地に封じ込められ、アルコール禁止などの差別政策をうけている。アメリカ大陸で、先住民を「インディアン」と呼んで、リザベーション（保留地）に囲い込んで差別してきたのと同じである。差別法（原住民法）は、なんと一九四六年まで続いた。その差別のトラウマが、戦後に持ち越されることになる。

トラウマが爆発したのが、一九八〇年代に起きたカナックの独立運動だ。周辺諸国の相次ぐ独立の動きに刺激され、一九八四年に「カナック社会主義民族解放戦線」が結成され、フランスの領土編入に抗議して武力闘争を決行した。道路を封鎖し、民家に放火し、一部では反独立派との間で銃撃戦まで行われた。

この両派の対立は、一九八八年に合意した「マティニョン協定」によって一応の終息を見る。合意の内容は、今後はフランス政府がニューカレドニアの経済や文化を支援し、カナックの伝統文化を支援する国家的施設として、ヌメア近郊に先住民の文化センターが作られる。独立過激派によって暗殺された穏健派のジャン＝マリー・チバウの名をとり「チバウ文化センター」と命名されたことは、第三章でも紹介した。その後、独立をめぐる住民投票も約束されたが、実施は幾度か見送られている。

カナック人にとって独立の問題は、自らのアイデンティティーにかかわる重要な問題である。カナック人に独立志向が多いのはそのためだが、一方のヌメアの西欧系の人たちは、フランスの統治を望む傾向が強いといわれる。いずれにしてもこの問題は、ニューカレドニアに住む人たちの「自己決定権」にかかわる問題である。ニューカレドニアの人たちの幸せにとって、独立したほうがいいのか、フランスにとどまったほうがいいのかは、彼ら自身の決めることである。

これまでもしばしば登場したポワンディミエ市のポール・ネアウティン市長は、独立穏健派の指導者と見られている。ある日の酒座で、彼はフランスがニッケル鉱山から得ている利益と、自分たちが受けているフランス政府からの援助にはまだまだ開きがある、と指摘していた。

また、別の日に私は「ニューカレドニアには外からの移民が多いが、あなたはそのことをどう思うか」と尋ねたことがある。彼は「どこから来ようと、カナックの伝統や習慣に従うのなら、それは問題ではない」と答えていた。そのあとに続けて「その意味でジャン＝ピエールは、我々のよき友人だ」とも話していた。

このネアウティン市長の言葉は、東海岸のカナック人社会で沖縄系が受け入れられていることを考えるうえで、示唆的である。また、沖縄系とカナック人との関係について、成安造形大学教授の津田は次のように書いている。

「戦前、ヨーロッパ人に不当に扱われつづけてきたこのカナック人を、日本人は『土人』と呼んだ。そしてそれに準じて、沖縄人を『日本の土人』『日本のカナック』だと称した。この事実から考えても、カナック人たちが、虐げられた経験のある沖縄人に、特別な親近感を感じたとしても不思議ではない」（前引『マブイの往来』）

カナック人が沖縄人に親近感を抱いていたと同様に、沖縄人もまた虐げられ差別を受けているカナック人に、親近感を抱いていたに違いない。こうして東海岸一帯の集落で、沖縄系とカナック人との村落共同体が成り立っていたのだ。

移民地の日系人社会で沖縄系が差別された歴史は、ハワイや南米などでもみられた現象である。大方は日本国内における沖縄人差別の延長か、その投影である。例えば、ハワイで沖縄人移民の農家で豚を飼っていたが、それを「オキナワケンケンブタカウカウ」と揶揄して、軽蔑していたと聞いた。「カウカウ」は、ハワイの現地語で「食べる」を意味し、豚をよく食べることを揶揄した差別的表現である。これなど戦前、沖縄の農家で豚を飼育していたし、何かの行事に食するのも、ごく普通のことであった。

また、旧南洋群島のサイパンで聞いた話だが、南洋興発のサトウキビ耕地では、沖縄から来た農民はチャモロの人たちと一緒に働き、本土の移住者は南洋興発の事務所で働いていた。チャモロの人たちは、自分たちと同じ耕地で汗水流して働く沖縄人に親近感を抱いた。仕事が終わるとガラパンの街の沖縄芝居巡業を、共に観に行くなどしている。しかし、日本本土から来ていた移民は、沖縄移民を「琉球カナカ」と呼んで差別していた。

こうした日系人社会での沖縄系への差別が、逆に沖縄系移民を結束させることにもなった。ハワイでもそうだが、南米などでも沖縄系は日系人の組織には入らず、独自で「沖縄県人会」やその下部組織としての市町村人会などをつくり、沖縄コミュニティーを形成してきた。このような世界各地の移民社会での沖縄系の在り様からすると、ニューカレドニアで東海岸の沖縄系を中心に「沖縄日系人会」が誕生したのも、自然な流れであった。

しかし、二世・三世の健在なうちはともかく、四世・五世と世代交代が進むと、沖縄系あるいは日系意識はどうなるのか。この先どんどん混血化も進み、何世代も前のルーツに対する意識は、次第に薄れていくかもしれない。その点について、津田は次のように書いている。

「独立を問う国民投票を二〇一四年に控えたニューカレドニアでは、フランスとの関係が精神面においても見直されていくだろう。混血もますます進み、やがてもとの民族意識や、国籍に準じる『フランス人』に替って『カレドニア人』だという共通認識を皆が持つように変わっていくのではないかと、私は思っている」（同『マブイの往来』）

二〇一四年の住民投票は先送りされたが、津田が指摘している状況に変わりはない。エスニシティー（民族性）とナショナリティー（国籍）が重なり合わない多民族社会においては、結局は最大公約数でまとまるしかない。とすれば「カレドニア人」に集約されていくのは、これまた自然な流れであろう。問題はその場合の受け皿（国家形態）をどうするのかである。この問題で住民投票も幾度か流れてきただけに、簡単ではない。しかしこの困難な問題を「カレドニア人」意識でどう乗り越えていけるかが、これからのカギであろう。先送りされた住民投票は、二〇一八年に予定されているが、その行くえを注視したい。

ニューカレドニアに行くようになって間もない頃、ある地元の人から「混血であることは、ニューカレドニア人であることだ」と言われたことがある。混血を肯定し、そこにダブル・アイデンティティーの価値を見出している言葉だ。それとは対照的に「単一民族」説を後生大事にし、排外主義に走る日本人の考え方、それこそが差別の源泉ではないのか。ニューカレドニアの人たちの「やさしさ」の背景には、混血社会への「思いやり」があるのではないか、という気がしてならない。それは争いの絶えない二一世紀に生きる私たちへ、一つの教訓を示唆してはいないだろうか。

第六回「世界のウチナーンチュ大会」への参加

二〇一六年一〇月、第六回「世界のウチナーンチュ大会」が那覇市で開催された。五年に一度の大会には、毎回数千人規模で世界中から沖縄系が集まる。早くもこの年五月には沖縄県の翁長雄志知事が辺野古の米軍基地問題で多忙な中、アメリカ本土に大会キャンペーンに出かけるなど、取り組みが具体化していた。

同年五月、沖縄ニューカレドニア友好協会でも、顧問の私と副会長兼事務局長のミゲール・ダルーズがニューカレドニアに出かけて、ダンベアとポワンディミエの二か所で説明会を開いた。いずれも二〇人ほどが参加し、大会に強い関心を寄せていた。その後の集計で沖縄系九家族、五二人とマリー＝ジョゼ・ミッシェル日本国名誉領事、ローズマリー・タケ日本親善協会会長夫妻ら関係者一〇人を加えた六二人の参加が明らかになった。北米やハワイ、南米などの数百人規模の参加にははるかに及ばないが、それでも沖縄系の人口規模からすれば、六二人の参加者は少ない数ではない。前回大会が五十九人であったことを思えば、沖縄への関心と熱意は後退していない。

一行は一〇月二〇日に成田経由で沖縄入りした。那覇空港には友好協会の役員や親戚が出迎えた。なつかしい顔が見える。参加者は前大会に比べて、子供や、孫を連れての参加が目立つ。若い人たちの参加が目を引いた。前大会で親戚を見つけたコーキ家は、一家族としては最も多い一〇人が参加したが、クリスチアーヌは八歳になる孫のアンナを連れてきていた。最年少だ。ちなみに最高齢は、キキチ家のカナ・オブリー八九歳である。カナは第四回大会からの参加で、今回で三度目の参加である。

カナも四人のこどもと孫のグエンナーレを連れてきた。また、ルーシー・マツダも娘のカルメンの子供を伴ってきた。レンヌ＝マリー・シュノーも一六歳の双子の孫を連れてきた。この他にも孫の世代が何人か参加していた。また、病で参加できなかったセシル・ヒガは、自分の後継者としているジャン＝フランソワをおくっている。

このように若い人たちの参加が目立った背景には、二世たちの高齢化がある。自分の元気なうちに沖縄につれてきて、交流の後継ぎをさせたい、という切実な思いがあるからだ。

しかし、交流の後継ぎの問題は、ニューカレドニア側だけの問題ではない。沖縄側にも切実な問題としてある。そのことを思い知らされたのも、今回の大会である。

ニューカレドニアの北部東海岸のウエグアに住むルイ・ナカムラの孫にあたるライサ四世は、三人で参加した。うるま市に住んでいた親戚の中村薫を訪ねたが、すでに三年前亡くなっていた。薫の住んでいた家には、長年本土に住んでいた息子が一人で住んでいたが、父親からニューカレドニアの親戚のことは何も聞かされていなかった。ライサたちの頼みで、墓参りをしたものの、これから先の交流が危ぶまれる状況だ。また、亡くならないまでも親戚が高齢で福祉施設に入所していたり、入院していたりで、歓迎会さえもむつかしいケースがいくつか見られた。交流一〇年が突き付けた厳しい現実である。

その一方で、新たな親戚を見つけるという朗報も飛び込んできた。第六回大会の参加者の中には、三人が親戚を捜していた。ベルナール・イキハラ（六二）、デイック・ニシクマ（六三）、ヤニック・サクモリ（六二）の三人である。この内、ベルナールは祖父が一九〇五年に渡航した池原新二郎で、渡航時の名簿から読谷村渡具知の出身と判明している。事前の調査を読谷村村史編集係に依頼していたが、探し出せなかった。ニシクマは親から「オキナワに親戚がいる」と聞かされていただけで、他に何の手がかりもない。父親も二〇一六年八月に亡くなった。

ヤニックは一九一〇年に渡航した末吉業徳の娘・アリスの子（三世）である。叔母に当たるマリーが二〇〇七年の訪問団と共に来た時、出身地の屋我地島に父親の屋敷跡を訪ねたが、親戚には会えなかった。その後、二〇一一年の第五回大会にヤニックの夫のギー・サクモリ（熊本系）が来沖したときに親戚と面会した。二〇一六年にはシネマ沖

親戚を確認し、喜ぶ末吉真也（左）とマリー（左から2人目）の家族／ポワンディミエ　　末吉業徳

縄の末吉真也プロデューサー（社長）が映画製作に当たっていたさなかに、親戚であることが判明した。末吉は系図を見せながら、親戚であることをマリーやヤニックと確認し合った。しかし、直系の親戚と墓が見つかっていない。このため三人がそろって沖縄県庁で記者会見し、親戚捜しを呼びかけた。

この内、親戚が見つかったのはベルナールである。読谷村大湾に住む池原という人の友人から「新二郎の孫がいる」という知らせが沖縄ニューカレドニア友好協会に寄せられた。大湾は読谷村の入り口にある集落で、新二郎の出身地の渡具知と隣接している。さっそく私と事務局長のミゲールがベルナールを伴って大湾の公民館で面談した。

約束の時間前に着いて、知らせてくれた友人と待機していると、自転車に乗ってその人はやって来た。池原秋栄、一九三八年生まれの七八歳。小柄な人だが、健康そうだ。人違いだと迷惑をかけるので、説明してもらった。

渡具知の新二郎の家は、屋号を松堂小（グワ）といい、長男の新二郎がニューカレドニアに行くことになったことから、最も近い親戚の中から池原秋吉を養子に入れた。その秋吉と妻のカマドとの間に出来たのが秋栄だという。一九四五年四月一日に沖縄戦で米軍が沖縄本島の読谷の海岸から上陸を開始、渡具知の浜からも次々に戦車が揚陸艦からあがり、一気に戦場と化す。秋栄の両親が戦死、新二郎の三人の姉妹も戦死した。戦死者の名前は、渡具知の戦没者慰霊碑にきざまれた。当時、七歳だった秋栄は戦争孤児となり、親戚の家に預けられる。以後、大工仕事をしながら今日まで独身を通した。

秋栄は「私は一人暮らしで、後継ぎもいない。このまま死ぬのかと思っていたが、ニューカレドニアに新二郎の子孫がたくさんいるとは、驚いた。元気を出して、頑張らんといかん」と話していた。秋栄に案内されて、渡具知の浜近くの両親の墓参りをした。ただ、新二郎はここには眠っていない。一九四六年にオーストラリアの収容所から日本本土に強制送還され、沖縄に戻っていないからだ。引揚げ地の本土で亡くなっている。それでもベルナールは事情が分かりとても満足していた。その年五月にポワンディミエの説明会で、不安そうにしていた彼の顔が頭をよぎった。そして今、彼の顔を見て私は「まぶいは込められた」と実感した。

一〇月二五日に那覇の沖縄青年会館で友好協会主催の、大会参加者の歓迎会が開かれた。私は乾杯の音頭をとったが、その時、「ビッグニュースをお知らせします」とベルナールの親戚邂逅を報告した。場内には言葉にならないどよめきが走った。ニューカレドニアからの参加者を代表していたジャン＝ピエールは「戦後七〇年も過ぎて、親戚が見つかるとは奇跡だ」と語っていた。彼自身、親戚を見つけたのは九年前のことで、その時の思いと重ねていたのだろう。

後日、改めて小湾公民館でベルナールと秋栄は再会した。ベルナールはニューカレドニアの地図の描かれたカラフルなパレオを秋栄にプレゼントした。秋栄は腕時計を贈った。「失われた時間を、この時計で取り戻そう」という願いが込められていたのだろうか。

一〇月二六日夕、大会の前夜祭パレードが、那覇市の国際通りで行われた。六回大会には二六か国、二地域から七二九七人が参加、過去最多の参加者となった。それぞれの国の民族衣装やお国自慢を出しながら、約二キロの通りを歩く。ニューカレドニアからの参加者は、オレンジ色に「マブイの架け橋」と染め抜いたシャツを着て参加した。

池原新二郎

親戚を確認し合い、プレゼントを交わしあう池原秋栄（右）とベルナール・イキハラ／読谷村大湾公民館

先頭にはレンヌ＝マリー・シュノーたちが用意した横幕を、一六歳になる二人の孫が掲げていた。前回大会の参加の時に「旗」をどうするかでもめた経験から考え出したアイディアであろう。大集団のブラジルやペルーなどの後からついて行った。その間には、フランス本国の沖縄県人会のメンバーが、フランスの三色旗を振っていた。

沿道には市民が立って「お帰りなさい」と手を振っている。各国からの行進団もそれに呼応して握手をしたりしている。パレードでは定着したおなじみの光景だ。最高齢のカナ・オブリーは、前日の名護市では墓参りで疲れを出し、救急車で名護の病院に運ばれるハプニングがあった。家族からはホテルで休むよう勧められたが、車いすで参加するといって、押し通した。おしゃれなカナは、花を挿したカンカン帽子をかぶり、にこやかな笑みを浮かべていた。八九歳の彼女は、心のどこかでこれが最後の参加となることを覚悟していたのだろう。

二七日に那覇市の沖縄セルラースタジアム那覇で行われた開会式には、一万三五八七人が参加して四日間の祭典が開幕した。県内、国内の参加者を含めると一万五六八三人がスタンドを埋め尽くした。

大会のキャッチフレーズは「ウチナーの躍動・感動　世界へ響け！」である。パワフルなエイサー太鼓の音楽やペルー出身のアルベルト・シロマの「沖縄ラティーナ」がスタジアムいっぱいに響き渡る。アメリカ初の沖縄系州知事になったハワイのデービット・イゲ州知事が出席し「沖縄は私のルーツ。ハワイにいても米国内を旅行しても、那覇にいても、私はウチナーンチュであることに誇りを持っている」との連帯のあいさつに割れんばかりの拍手が鳴り響いた。

大会前夜祭でパレードするニューカレドニアの参加者たち／那覇市国際通り

主催者の翁長雄志沖縄県知事は、得意の島言葉で切り出したあと「沖縄のネットワークを発展させるためには、自らのアイデンティティーを確認し、沖縄の未来に目を向けて、心を一つにすることが重要だ」と強調した。

この式典で、ニューカレドニアの参加者にとって予想外のことが起きた。開会式典が始まると、参加国の国旗が入場したが、ニューカレドニアは独立旗に使われている旗が使用されたのである。スタジアムにいたニューカレドニアの人たちから「ウオー」という驚きともつかぬ声がかすかに上がった。参加者にとってはサプライズなことであった。

どのような経緯でこの旗が使われたか、大会後に大会事務局に聞いてみたら、運営を受託している民間業者がネットで調べ、この旗を採用したという。二〇一〇年に当時のサルコジ大統領時代に、独立派が使用している旗を「州旗」として認めたが、それはフランス国旗との併用が条件だった。

開会式の翌日、沖縄民間大使をしているマリー＝ジョゼ・ミッシェル日本国名誉領事が、事務局に注意したそうだが、事務局としては次回大会へ検討課題として申し送るようだ。参加者の間でこの旗を巡ってちょっとした口論もあったらしいが、大事にはいたらなかった。二〇一八年に独立をめぐる住民投票が予定されており、こうしたことにも神経がピリピリしている。

開会式典の後、各市町村の歓迎会などがあり、参加者は名護、豊見城、沖縄市、読谷などに親戚と共に参加している。一〇月三〇日、閉会式が再びセルラースタジアムで開かれ、一万五千人余がスタンドを埋め尽くした。翁長知事がこの日を「世界のウチナーンチュの日」とすることを宣言した。この制定を働きかけたのは、アルゼンチンとペルーの沖縄系三世たちであった。趣旨は世界中のウチナーンチュが、「ウチナーンチュであることに誇りを持ち、共に祝う」

というものである。

　グランドフィナーレは、かりゆし58、ディアマンテス、BEGINなどの人気アーチストの音楽で盛り上がった。スタンドからグランドに下りてきた若者たちが埋め尽くし、沖縄のリズムに酔った。ニューカレドニアのジャン＝ピエール夫妻や元気のある人たちはスタンドから降りてきて、踊りに加わった。終わりに近づいたころには、スタンドの参加者も総立ちとなり、花火が打ち上げられ、最高潮に達して幕を閉じた。次回の大会は二〇二一年である。

「世界のウチナーンチュ大会」は、世界中の沖縄系の人たちが、己のアイデンティティーを確認しあい、それをバネにして未来に立ち向かう、という意味では、効果的な大会である。ニューカレドニアから参加した人たちも、これだけ多くの沖縄系の人たちが世界にいることを、視覚的に感じ取ることができたに違いない。

世界のウチナーンチュ大会開会式／セルラースタジアム那覇

　ややもすると世界地図にさえ載っていないような小さな沖縄が自分たちのルーツと言われても、それをどう受け止めていけばいいのか、戸惑うこともあったに違いない。ニューカレドニアの東海岸の小さな村で、時に孤独感に襲われたこともあったろう。そうした彼らにとって「世界のウチナーンチュ大会」は、自分たちは世界の中で孤立してはいない、ということを再確認する機会となったに違いない。それが沖縄系の人たちに及ぼす精神的な影響は大きい。

それは日常生活の上でも励みとなることだろう。

今回の参加者の中で世話になった人たちを招いて食事会をしたとき、ルーシー・マツダが「戦争で受けた心の傷が、沖縄と交流するたびに癒されるのを感じる」と話していた。ニューカレドニアの沖縄系の人たちにとって、沖縄と交流することの意味を端的に表現している言葉だ。この言葉の持つ深い意味を、改めて噛みしめたいと思う。

「まぶいぐみ」の旅は続く

道が拓けてから一〇年の歳月が流れた。その間の相互交流は、絶えることなく続いてきた。しかし、この一〇年の間に私が会った人たちのなかには、他界された方々もいる。二〇〇九年八月、ルイ・オブリーが、二〇一五年にはフェリックス・アラグシュク、二〇一六年三月にはウイチ家のマルセルが亡くなった。ルイは二〇〇六年に家族四人で来たとき、父親の墓参りをして、うれしそうだった。フェリックスは九九歳になる異母姉と初めて会った。まさに一世紀に及ぶ邂逅である。沖縄での「まぶいぐみ」を成就して、冥土に旅立ったようなものだ。

マルセルはウイチ家の二女として「ナハシ・ホテル」を通じて多くの人と関わ

マルセルの墓／ポネリウェン

りを持ってきた。沖縄系の会合には必ず顔を出し、静かに見守ってくれた。二〇一六年の四月に「ナハシ・ホテル」を訪ねて、今は亡きマルセルを忍んだ。マルセルの遺体は、ポネリウェンの父・善次郎の墓の横に埋葬された。墓にはたくさんの花が飾られていた。

「ナハシ・ホテル」は、今ではマルセルの孫のグラジェーラによって、ピザハウスになっているが、あの懐かしい「ナハシ・ホテル」の看板はそのままだ。そこの一室（善次郎の居間）で、マルセルは父親の写真や資料などを大切にしていた。私はグラジェーラに「ナハシ・ホテル」の看板を大切にするようお願いした。

亡くなったのはニューカレドニアの人たちばかりではない。沖縄側も事情は同じだ。レンヌ＝マリー・シュノー夫妻と早くから交流していた座安弘（琉球放送元社長）や、二〇一一年に初めてまたいとこのエミリアン・コーキと対面した小渡ハル子（沖縄県婦人連合会元会長）も鬼籍に入った。これからの交流は、それぞれの新しい担い手によって引き継がれていくことであろう。

最後に沖縄とニューカレドニアの交流のこれまでとこれからについて、第三者はどのように見ているのか。北部州に初めての日本人教師・前野りりえが赴任したのは、ちょうど、「日本人移民一二〇年祭」の年（二〇一二年）である。ティオでは盛大なイベントが催されていた。沖縄日系人会も訪問団を迎える準備に余念がなかった。前野は準備の段階から参加し、その交流を目の当たりにする。ネヴァオに「メゾン・ド・オキナワ」（沖縄の家）が完成し、七月二日から四日までの三日間、稲嶺進名護市長をはじめ総勢五〇人がポワンディミエにやってきた。彼女は日本語を教えていた生徒に日本の唱歌「ふるさと」を教え、それを歓迎会で披露した。ポワンディミエの青い空に響く六〇人の生徒たちが歌う日本の歌。感極まって涙する人もいた。彼女はその交流の感想をこう述べている。

「沖縄ニューカレドニア友好協会とニューカレドニア沖縄日系人会との活発な活動がもたらした日々に寄り添い、わたしも興奮の坩堝の三日間を過ごしました。家族を思う気持ち、ふるさとを思う強い気持ち。それが国境を越えて人と人をつなぐ。その現場を目の前にしたのです。『日本人移民一二〇年祭』を終えても、レイモン・ヴォティエ中学校の生徒と名護市の屋我地中学校は手紙と葉書のやり取りをして交流を続けました。

一人ひとりのルーツ探しは困難なものでしょう。けれど人がつながっていく中で、少しずつ何かが分かっていき、変化していきます。赤道を挟んで北半球と南半球にある美しく青い海に囲まれた二つの島。祖先のルーツを探し、同じ血筋の人々とつながろうとする意志は本能的なものなのでしょうか。いずれにせよ国を越えて人が絆を結ぼうとすることは、これ以上ない平和的な行動であると思います。二つの島に暮らす心優しい人々の家族を思う心に深い感銘を受けた日々でした。その心こそウチナーンチュの心なのだろうと思います」

成安造形大学教授の津田睦美は、二〇一一年の第五回「世界のウチナーンチュ大会」に初めて参加した時の感想を、次のように書いている。

「私は沖縄に通うようになってもう六年になる。沖縄からニューカレドニアに渡った移民の親族や関係者から聞き取りをしながら、移民ひとりひとりのライフヒストリーを辿ってきた。その過程で、腹違いの兄弟姉妹や従兄弟の存在を暖かく受け入れる、沖縄人の寛容さを何度も目の当たりにした。今回ウチナーンチュ大会に初めて参加したことによって、沖縄が本土と距離をとり、沖縄出身の県外在住者と連携を持つことに情熱をそそぐことで、そこに新たな活路を見いだそうとしているのを私は実感した」（「ウチナーンチュ大会とニューカレドニア沖縄移民」）

津田の言う「沖縄人の寛容さ」こそは、むしろグローバル・スタンダードではなかろうか。このような寛容さは、すでに日本本土の社会では失われつつあるものだ。だから「県外在住者と連携」することで「新たな活路」を見出そうとした。これはウチナーンチュ大会の原点でもある。ニューカレドニアとの交流の可能性もまた、そこに見出すことができよう。

私は今から三〇年も前の一九八八年に「沖縄はミクロネシア、ポリネシア、メラネシアと並ぶ太平洋文化圏の一つだ」という観点から、奄美群島から南の八重山群島に至る琉球弧を「オキネシア文化圏」と呼んだことがある。（拙著『オキネシア文化論』一九八八年、海風社刊）

これは一九八五年に五〇日かけてミクロネシアの島々を回った私なりの実感に基づいたものだが、その考えは今も変わらない。ニューカレドニアにたびたび通うようになり、彼の地の人たちと心通わすようになって、さらにその感を深くしている。

最後にマリー＝ジョゼ・ミッシェル日本国名誉領事の話を聞いてみよう。彼女は、沖縄とニューカレドニアの交流に献身的に貢献した人だ。熊本系の三世だが、沖縄県からの「沖縄民間大使」も引き受け、私たちはいつも世話になった。これまでの交流に対する彼女の評価や課題を、二〇一六年八月、ヌメアであらためて聞かせてもらった。

——東海岸の沖縄系の人たちは、なぜ長い空白を余儀なくされたのか？

「津田さんが二〇〇三年から四年にかけて行った北部東海岸の沖縄系の調査で、沖縄系の人たちの気持ちが動き始めた。戦後六〇年もの空白があった。同じ日系人でもヌメアやその近郊の人たちは、戦後、日本からの船舶や漁船、自衛隊の船が来た時には集まったりしたので、早くから日本の情報が入ってきた。ところが北部東海岸では、ほぼゼロだった。

ところが津田さんの調査が二〇〇三年から始まり、沖縄系の人たちを中心にそのルーツが加速度的に解明されていく。特に先住民のカナックとの間のニッポカナックは沖縄の名護の人たちが多く、地理的にもかたまっていたので、情報が加速度的に入ってきた。そして二〇〇七年の沖縄日系人会の結成となり、世界のウチナーンチュ大会へ参加して活発化した。六〇年もの長い沈黙があったのは、カナックの性格が物静かで、自分の思いをあまり外に出さない閉ざされた性格があり、積極的に語らなかったからではないか」

インタビューに応えるマリー＝ジョゼ・ミッシェル／ニューカレドニア政府公文書館

——沖縄についての感想は？

「二〇〇七年に日系人写真展の最後の展示会が沖縄であった時、感動したのは家族との出会いだった。初めて沖縄に来たフェリックス・アラグシュクさんが姉と対面した場面やお墓参りもあった。双方のこのような関係は、これからも続ける必要がある。

二〇一一年の世界のウチナーンチュ大会にも参加したが、ハワイやペルー、フランスからも沖縄系の人が大勢参加していた。共通して内から出ているのは、ルーツを共有している人たちが、ルーツに集まり、一つになっていることで、沖縄のパワーを感じた」

「沖縄は日本の中でも独自性を強く持っているところだ。文化的にもそうだし、観光プロモーションでも、独自に力を入れている。中国や他の国とも近い。かつては琉球王国があったり、今はまた米軍基地があったりと、とにかく自分たちの場所について、強い思いがある」

——これから後世にどう伝えていくべきか?

「二世たちは、確かに大変な苦労をしてきた。ある種、犠牲になったところがあるが、しかし大事なのは、それを犠牲ではなく、前向きに考えていくことだ。二世たちはまじめに働いてきた。そのおかげで三世たちは学校にも行くようになり、良くなっている。あまり後ろを見ないことだ。被害者意識を持つのではなく、一生懸命に働き、学ぶという一世たちや二世たちが残した教えを、前向きの姿勢でこれからのニューカレドニアの国づくりに活かしていくことだ」

彼女が言うように、六〇年間もの空白の後訪れた一〇年間の交流の歴史は、長い空白の歴史を一気に取り戻そうとするかのように急速に進展した。それは他の移民地では見られないテンポで進んだ。だが、いまだに親戚探しが続き、必要とされていることを思えば「まぶいぐみ」の旅は、いまだ道半ばである。私はこれまでも常に会員に言ってきた。

「道は常に誰かが歩かないと、草が生える。そのうち道は見えなくなり、歩けなくなる。せっかく拓かれた沖縄とニューカレドニアの道も同じだ。毎年、一人でもいい。相互に交流しなければ道はやがて消えてしまう」と。

世代交代が進み、この先、相互の交流がどうなるかは予断を許さないが、少なくともニューカレドニアがそれを求めている限り「まぶいぐみ」の旅は続く……。

余録

「世界のウチナーンチュ大会」開催の思い出

「世界のウチナーンチュ大会」については、私にもちょっとした思い出がある。一九八〇年代半ば、私が現役の記者であった頃に、沖縄県庁を担当したことがある。当時の県知事は沖縄保守政界のドンと言われていた西銘順治である。世界各地の沖縄県系人の生きざまを紙面で紹介する「世界のウチナーンチュ」シリーズの取材で、私はミクロネシアを中心に旧南洋群島などを担当することになった。そこで戦前パラオで少年時代を送った体験を持つ西銘知事に、事前取材を兼ねて当時の思い出を聞くことにした。知事は「石垣島と何も変わらん。同じだよ」と私の郷里を例に話していた。

五〇日間に呼んだ太平洋の島々の取材を終えて帰国すると、お礼方々、取材のよもやま話をした。県庁近くの居酒屋で秘書課の秘書も同行して三人で話をした。話の終わりごろに、私は知事に提案した。「こんなにたくさんの沖縄系の人が世界中にいるのだから、一度、沖縄県が主催して大会を開いてはどうですか」と。知事は黙って聞いていたが、やるともやらんとも言わなかった。

その後、一九八五年五月三十一日から知事がアメリカに出張した。南部のアトランタで同地の沖縄県人会の人たちの歓迎を受けたときのことだった。知事は並みいる県系人たちに「世界のウチナーンチュ大会を開催する」と発言したのである。同行記者が記事にして送ってきた。『琉球新報』でも報じられたが、それほど大きな記事ではなかった。私はそれでも驚いた。何しろ突然の発表である。留守番をしていた秘書課の例の秘書から、さっそく私に電話が入り「三木さん、あんたが話していた大会の話は、本物になりましたね」という。彼もびっくりしているようであった。担当部局などに聞いてみたが、職員たちは「世界のウチナーチュ大会ってなんね」「大会を開いて何をするのかね」「第一、海外から集まるかね」などという反応である。事前に何の協議もなかった、というわけだ。アトランタの県系人に囲まれ、とっさに出た知事のトップダウンであった。

そうしたこともあってか、最初に行われた一九九〇年の大会は「第一回」とはうたわれていない。大会終了の閉会式で、第二回目もやると決まってから、初回を「第一回大会」と追認したのだった。

一介の若造記者の提言で、県政の重要施策が決まったと思うほど単純ではないが、二〇〇四年に、国場組の代表取締役会長や沖縄県建設業協会会長などの要職を務めた国場幸一郎が、自伝『私の沖縄と私の夢』の中で「世界のウチナーンチュ大会」に触れて、次のように書いている。

「琉球新報は連載で「世界のウチナーンチュ」を開始したが、実に四百八十四回の長期シリーズになった。このシリーズが受けたのは、国際化が注目され始めたという時代を背景に、世界に目を向け、各国との交流を促進しようという機運が盛り上がったためであろう。さらに、琉球新報社のこの連載がきっかけとなって西銘県政時代の平成二年（一九九〇）八月、第一回世界のウチナーンチュ大会が開催されたのである。世界一七国から、約二千四百人が参加。この大会は、琉球新報の三木健氏が西銘知事に持ち掛け、実現させたと聞いている」（同書二四九ページ）

私が大会開催を西銘知事に持ち掛けたのは事実だが、国場が言うように国際化時代を背景に各国と交流しようという「機運」が「世界のウチナーンチュ大会」を作り出したのである。

西銘知事は琉球新報の連載に寄せて「世界で活躍しているウチナーンチュは、決して狭い日本のワクにはまらず、伸び伸びと活躍している。今後はこの歴史をどう受け継ぎ未来につなげて行くかだ」と述べ、「世界のウチナーンチュ大会」をやってみたいと語っている。（一九八六年一月二三日「琉球新報」夕刊）

余録

「マブイの架け橋」を作曲した山城功

沖縄ニューカレドニア友好協会が発足して二年後の二〇〇八年のことだった。年に一回の懇親会で、会員の山城功から「友好協会の歌を作りましょう。私が作曲しますので歌詞を書いてください」と提案を受けた。山城が昔から音楽をしていることは承知していたが、私が詞を書くなど恥ずかしくて、しばらく書かずにいた。ところが琉球新報社が主催している「宮良長包音楽賞」の第六回受賞者に山城が決まり、一二月に授賞式が行われることになった。

そこで私はこの受賞を記念して、作曲してもらうことにした。「マブイの架け橋」という四連からなる詞をかいた。「夢を求めてきたのに、戦争で妻子と別れ、世紀の時が流れた。去りし過去は変えられないけど、未来は作られる。マブイの島に橋をかけて渡ろう」というような内容である。さっそく宜野湾市の山城家に伺ってお願いした。数日後に曲ができてきた。これをCDにした。日本語をソプラノ歌手の仲村渠和美、フランス語（小出友視訳）を大湾宗定が歌っている。

作曲した山城は一九三三年にヌメアで生まれている。父親の山城亀千代がヌメアで素麺工場をしていた。沖縄から花嫁を呼び寄せ、千代枝と功が生まれた。一九二〇年代から三〇年代にかけて、ヌメアでは日本人による仕立屋、理髪店、雑貨店などが数多く見られたが、山城家もそうした自営業者であった。しかし、一九四〇年代に入り日米関係が怪しくなり、子供たちの身の安全を慮って、二人の子供を沖縄の故郷・座間味島に送り届けた。

制作したCDを手に持つ作曲の山城功（右）と作詞の三木（左）

ところが皮肉なことに、座間味島は米軍上陸の最初の地となり、かの集団自決（集団死）の惨状に巻き込まれたのである。それは米軍が沖縄島に上陸する一九四五年四月一日前に起きた。二人は義理の伯母に連れられ、日本軍の本部壕内に避難していたが、日本軍の中尉から手りゅう弾を渡され「ここで死になさい」と言われた。「使い方がわからなければ、輪になりなさい。自分がやるから心配ない」と念を押された。そのとき姉の千代枝が「死ぬのはいや」と猛烈に抵抗した。伯母は少尉に頼んで手りゅう弾を渡した。その時、千代枝は功の手を引いて走り出して逃げた。ガマ（自然壕）からガマへと逃げて、二人は地獄の惨状から抜け出したのである。功は「あの時、千代枝が抵抗していなければ、死んでいたかもしれない」と回想する。

戦後、功は琉球警察音楽隊を振り出しに、米軍基地内のジャズバンドに入る。子供のころとはいえ、ニューカレドニアで生活していたことが、活かされたのかもしれない。そこで演奏や編曲、作曲などをやり、その後、米軍基地から離れて音楽活動を続けている。その活動歴が評価され、二〇〇八年に「宮良長包音楽賞」の受賞となった。

功は二〇〇九年に文部科学省が、高校の歴史教科書から「集団自決」の日本軍強制記述を削除、修正したのに反発して、これまで閉ざしてきた重い口を開き、自らの体験を話すようになる。功もまた、戦争トラウマを抱えて戦後を生きてきたのであった。

マブイの架け橋

沖縄・ニューカレドニア友好の歌

作詞　三木　健
作曲　山城　功

1

ふたつの島の　扉がひらき
長い歴史の　波越えて
相呼ぶ島の　心と心
ここに集いて　語るわれら

2

夢を求めて　その昔
渡った島も　戦争で
楽しき我が家　引き裂かれ
妻子さがすも　ままならず

3

いくさに消えた　父いずこ
島の妻子の　わびしさよ
待ちわびし日の　あまりにも長く
思えば世紀の　時を経ぬ

4

去りし過去は　変えられぬ
それでも歴史は　つくられる
相呼ぶマブイの　島々に
新たな橋かけ　友よさあ行こう

Mabui no Kakehashi - L'âme de deux îles

- Chanson amicale Okinawa Nouvelle-Calédonie –
Paroles : Ken Miki Musique : Isao Yamashiro
Traduction : Tomomi Koide

La porte de deux îles s'est ouverte,
après avoir franchi une longue houle historique.
Les coeurs des îles s'aiment l'un l'autre.
Nous nous réunissons ici, en discutant.

Il y a longtemps, à la recherche d'une rêve,
nos ancêtres d'Okinawa ont traversé l'Océan.
La guerre les a séparés de leur famille.
Ils ne se sont pas retrouvés malgré les essais.

Nos pères ont disparu dans la guerre. Où sont-ils?
Tristes, leur femme et leurs enfants laissés dans l'île.
Ils attendaient jour après jour.
Un siècle s'est écoulé depuis lors.

On ne peut pas changer notre passé.
Mais, on peut créer notre future.
Entre les deux îles des âmes qui s'aiment,
Nos amis, jetons un nouveau pont sur l'Océan.

あとがき

私は二〇〇六年に初めてニューカレドニアを訪れて以来、これまでに一一回ほど同地を踏んでいる。訪問団の一員として行くこともあれば、一人で出かけたこともある。行くたびにニューカレドニアの人たちのお世話になったが、いつも思うのは、どうしてこうも親切なのだろう、ということである。それも形式的な通り一遍のものではない。心温まる親切である。その親切さは、日系人ならではの苦しみを潜り抜けてきたからではないかと、最近思うようになった。

私はニューカレドニアに親戚がいるわけではない。正直言って、ニューカレドニアに行くには、それなりの費用も掛かり、経済的にも負担である。それにも関わらず、私の足を向かわしめたのはなんだろうか。それは向こうの人たちの美しい魂に触れることの喜びではなかったか。一〇年の交流で、私は人生の大切なものを教えてもらったように思う。

それにしても今回、ニューカレドニアの沖縄系の人たちとの交流をまとめるにあたり、取材不足を痛感した。二〇〇六年の取材旅行は別にしても、その後は沖縄ニューカレドニア友好協会の代表や事務調整などで訪れ、取材らしい取材もしていない。それでも大きな交流の歴史だけでも記録に残そうと心掛けた。また私の個人的な感想なども織り交ぜたが、的外れな点があればご容赦願いたい。

ともあれ、沖縄日系人会の会長として、おつき合いしていただいたジャン＝ピエール・ゼンコロウさんはじめ、同会の方々には改めてお礼を申し上げたい。

また、日本国名誉領事で沖縄民間大使でもあるマリー＝ジョゼ・ミッセルさんには、職務を越えたお世話になった。「アミカル・ジャポネーズ」（日本親善協会）のローズ＝マリー・タケ会長にも感謝したい。お二人には、沖縄ニューカレドニア友好協会発足当初から支援していただき、今日に至るもそれは続いている。それがなければ双方の交流も、うまくいかなかったことだろう。

個人的には、ヌメアの山田真治・由美子さん（地理学博士）ご夫妻に当初からお世話になった。影のように寄り添い、困った時には助け舟を出し、私たちの活動を温かく見守り、かつお力も貸していただいた。

二〇〇三年以来、ニューカレドニアの日系人を調査研究している成安造形大学の津田睦美教授は、私がニューカレドニアに行くきっかけを作ったが、その後も何かにつけて協力してくれ、今回の出版に際しても、貴重な助言をいただき感謝している。また、オーストラリアの日系人収容所の研究者である永田由利子教授（クイーンズランド大学シニア・レクチャラー、歴史学博士）にもお礼を申し上げたい。

内輪のことになるが、沖縄ニューカレドニア友好協会の発足当初から事務局長や副会長をしてきたミゲール・ダルーズさんは、沖縄に長年暮らすフランス人で、琉球新報カルチャーセンターでフランス語を教え、『世界空手通信』を発信している。フランス語を活かしてニューカレドニアとの連絡調整役を引き受け、友好協会の会報『L・ONC』（ロエヌセ）を編集し、フランス語訳をつけてくれた。会報はこれまで一〇号を重ねているが、他の国際交流団体にもみられない立派なものと自負している。初期の頃、副会長だった安和朝忠さんは、自宅の大庭園「しゃんぐりら」を訪問団歓迎に提供してくれた。

私の郷里（八重山）の先輩・神山長蔵さん（故人）は相談相手となり、後輩である松本清市さんは、ニューカレドニアから訪問団が来るたびに、彼が経営する居酒屋の「かーらやま」を開放し、歌三線でもてなしてくれた。訪問団の一員としても参加し、持ち前のオープン・マインドで交流に一役買った。八重山舞踊の川井民枝師匠も訪問団に何度も参加し、沖縄の文化を彼の地の人たちに伝えてくれた。友人の安里國昭さんは資金集めに奔走してくれた。

当初は彼の地に親戚のいない人たちが中心だった沖縄ニューカレドニア友好協会も、親戚が明らかになるにつれ、その関係者の参加が増え、二代目会長には玉城勝夫さんが就任した。玉城さんはジャン＝ピエール・ゼンコロウ沖縄日系人会初代会長のまたいとこである。第三次訪問団を牽引して成果を残した。残念ながら玉城さんは、体調をくずして任期半ばで交代したが、今は元気を取り戻し、顧問として参加している。

二〇一六年五月、三代目会長に与那覇修さんが就任した。与那覇さんは沖縄の特産品開発を手掛ける実業家である。新たな会長を迎えて、友好協会は大きく飛躍しようとしている。二〇一六年一〇月には、第六回「世界のウチナーンチュ大会」が開催された。ニューカレドニアから六〇人余が参加。また新たな出会いと交流が始まった。

それに合わせるように、沖縄の映画会社・シネマ沖縄（末吉真也社長）が、沖縄系の人たちとの交流を中心にドキュメンタリー映画を製作した。ニューカレドニアの沖縄移民の歴史は、これまでほとんど知られていない。それもマイナーな歴史である。末吉社長は、それゆえに映画化してより多くの人に知ってもらいたい、と強い意欲を示している。製作の過程で末吉さん自身の親戚が判明するという、うれしいサプライズもあった。

これまで沖縄をテーマにいくつかのドキュメンタリー作品を手掛けてきた本郷義明さんが、今回も監督を務めた。映画は家族とは何か、戦争とは何か、民族とは何か、など様々なことを私たちに問いかけることだろう。本書も映画製作に合わせて刊行されるが、双方が連動して、理解を深める一助になれば幸いである。なお、本書の編集にあたっては、謝花恵子さんのお世話になった。記して感謝したい。

二〇一七年三月吉日

三木　健

年表　ニューカレドニアの歴史と沖縄

≪流刑植民地から鉱山の島へ≫

一七七四年	イギリスの探検家ジェームス・クックがニューカレドニアを西欧世界に紹介、資源への関心高まる。
一八四〇年	ニューカレドニアでキリスト教の布教活動始まる。
一八五三年	九月　フランス政府がニューカレドニアの領有宣言、当時の推定人口約六万人
一八六二年	初代総督にシャルル・ギラン海軍大佐が就任
一八六三年	フランス本国から派遣の鉱山技術者ジュール・ガルニエがニッケルを発見。「ガルニエライト」と命名 九月　フランス政府、政令でニューカレドニアを流刑地に指定 その頃より本国から大量の囚人、入植者が流入する。
一八六六年	フランス政府はニューカレドニアの首都を「ヌメア」とし、総督府を設置
一八七二年	パリ・コミューンの政治犯五千人をニューカレドニアに流刑
一八七八年	大規模な土地収用に対しカナック人が蜂起、一二〇〇人の死者を出す。フランス軍が出動し鎮圧

一八八〇年　フランス政府、パリに国策会社「ル・ニッケル社」を設立、ニューカレドニア東海岸のティオに工場建設

一八八七年　フランス政府、先住民の土地封じ込めを定めた「原住民法」制定

《契約移民の時代》

一八九一年　インド支那（現・ベトナム）よりニッケル鉱山労働者八〇〇人導入

一八九二年　熊本から初の日本人移民六〇〇人が鉱山労働で渡航

一八九四年　ヌメアにセント・ジョセフ大聖堂建立
フランス政府、ニューカレドニアの流刑制度廃止

一九〇九年　沖縄の契約移民三五八人（女性を含む）が、神戸発ポーハタン号でニッケル鉱山労働者として初渡航

一九一〇年　沖縄の契約移民二四六人が、琴平丸で二度目の渡航

一九一一年　沖縄の契約移民一九一人が八幡丸で三度目の渡航

一九一三年　熊本県人ほか五八三人が真盛丸で渡航

一九一四年　熊本、広島県人ら五三五人が靖国丸で渡航
広島、熊本県人ら六二八人が彦山丸で渡航

一九一九年　オーストラリア経由で沖縄から契約労働者二六人が渡航
日本人移民一一〇人が渡航、これが最後の日本人渡航となる。
第一次世界大戦の独仏戦争で、ニューカレドニアへの移民渡航中止

一九二五年　二月　ヌメア近郊の日本人墓地に「日本人之墓」建立、墓碑裏面に一六〇人余刻銘。そのうち沖縄出身者約二〇人の氏名あり。

一九四〇年　三月　ヌメアに大日本帝国領事館設置、初代領事に黒木時太郎就任

一九四一年　三月　二代目領事に山下芳郎就任
一二月八日　ハワイの真珠湾攻撃で太平洋戦争勃発、ニューカレドニアのアンリ・ソト総督、日本人（当時一三四〇人が在留）の逮捕を命令。フランス憲兵、警察による日本人逮捕始まる。一一二四人が拘束され、ヌーヴィル島に一時収容
一二月　ヌメアの大日本帝国領事館、日米開戦により閉鎖
一二月二二日　日本人逮捕者は、オーストラリアのシドニーに到着。単身男性はヘイ収容所とラブデー収容所へ、家族組はタツラ収容所へ抑留

一九四二年　三月　アメリカの海軍、空軍がニューカレドニアに基地を設置、約二万人が駐屯

一九四三年　四月一二日　収容所の再編。戦争捕虜はヘイに、独身男性はラブデーに、女性と家族はタツラに収容

一九四五年　八月一五日　日本無条件降伏受諾、敗戦
一二月二八日　オーストラリア政府、抑留者（日本国籍保有者）の本国送還を発表

《戦後の空白時代》

一九四六年	三月二一日　引揚船・高栄丸、メルボルン港より二五六二人を乗せ出港 三月一三日　高栄丸、神奈川県浦賀に到着。引揚者は兵営に一時収容され、それぞれの故郷に帰還 フランス政府「原住民法」廃止
一九五四年	羽地に引き揚げていた上地善次郎、息子たちの尽力で再びニューカレドニアに戻る。帰島後、ポネリウエンでホテルを再開、名前を「ナハシ・ホテル」と命名
一九六六年	森村桂著『天国にいちばん近い島』出版、映画化される。 「アミカル・ジャポネーズ」（日本親善協会）、ヌメアで発足
一九七七年	二月一五日　小林忠雄著『ニューカレドニア島の日本人』出版
一九七九年	二月　ニューカレドニア政府議会、本国政府提示の「経済社会発展一〇年計画」受け入れ決議 七月　ジスカールデスタン・フランス大統領ヌメア訪問
一九八一年	一月　セシル・ヒガ（比嘉伝三の娘）来沖、名護市の比嘉家などと交流
一九八四年	日本国名誉総領事にアンドレ・中川就任（二〇〇五年まで） 「カナック社会主義民族解放戦線」結成。フランスの領土編入に抗議し、武力衝突。フランス軍三千人が出動して鎮圧
一九八五年	座安正春（豊見城村出身）の二男ヴィクトール・ジャアンとその娘レンヌ＝マリー・シュノー来沖、那覇の座安家と交流

一九八八年	独立派と反独立派がマティニョン協定に調印、フランス政府は経済・文化支援を約束
一九八九年	独立穏健派のリーダー・ジャン＝マリー・チバウ暗殺
一九九二年	二月　沖縄タイムスの森田美奈子記者、「日本人移住百年祭」にちなみヌメアの沖縄系を取材、「忘れられた移民」を五回連載（二月一九日～二三日） 六月　日本親善協会主催「日本人移住百年祭」ヌメアで開催 八月　日本人移住百年記念慰霊祭
一九九四年	一二月二八日　羽地出身の上地善助、善次郎兄弟や糸満市出身の玉城亀蔵の二世・三世の五家族一七人が来沖。上地門中の歓迎を受ける。
一九九五年	七月　金城次郎（糸満市出身）の子フィリップ・カナグシュク来沖、糸満市の玉江家と交流
一九九八年	五月　ヌメアにカナックの伝統文化支援のための施設「チバウ文化センター」開館
二〇〇一年	フィリップ・パロンボ著『ニューカレドニアの日本人』（仏語）出版
二〇〇二年	一二月八日　永田由利子著『オーストラリア日本人強制収容の記録』出版
二〇〇五年	日本国名誉領事にマリー＝ジョゼ・ミッシェル就任

二〇〇六年

《戦後の組織的交流時代》

八月五日　「FEU NOS PERES ニューカレドニアの日系人」展ヌメアのチバウ文化センターで開催。同展企画実行委員会主催、津田睦美企画、チバウ文化センター・日本親善協会が共催。沖縄系の二世・三世を含む約二千人が来場

八月〜九月　三木健、琉球新報に「空白の沖縄移民史」一〇回連載

一〇月一二日　第四回「世界のウチナーンチュ大会」にカナ・オブリー家族四人が初参加

一二月一九日　沖縄ニューカレドニア友好協会（以下、沖縄NC友好協会と略）発足、設立総会に約四〇人が参加。初代会長に三木健就任

二〇〇七年

六月一五日　沖縄NC友好協会会報『L'ONC』（ロエヌセ）第一号発行

九月三日〜一〇日　第一次沖縄ニューカレドニア訪問団（団長・三木健会長）一六人を派遣、「沖縄日系人会」設立祝賀会に参加

九月六日　ニューカレドニアのネヴァオで「沖縄日系人会」が発足、初代会長にジャン＝ピエール・ゼンコロウ。沖縄から第一次訪問団が参加。八重山舞踊の川井民枝が舞踊を披露して盛り上げる。

一〇月一八日　沖縄NC友好協会会報『L'ONC』（ロエヌセ）第二号発行

一一月一〇日　ニューカレドニアから沖縄訪問団三八人が来沖。親戚訪問、墓参。初めての親戚面会も。

一一月一二日〜二一日　津田睦美写真展「マブイの往還―ニューカレドニアの日系人展」（同企画展主催、琉球新報社・沖縄NC友好協会共催）が那覇市天久の琉球新報社ホールで開催

二〇〇八年

一月一五日　沖縄NC友好協会会報『L'ONC』（ロエヌセ）第三号発行

七月一七日〜二八日　沖縄日系人会長ジャン＝ピエール・ゼンコロウ会長夫妻来沖、沖縄NC友好協会と交流

七月二二日〜二八日　沖縄県主催の沖縄系子弟交流事業「ジュニア・スタディツアー」にポアンディミエの高校生モルガン・ヴォティニシが初参加

九月二〇日　沖縄NC友好協会会報『L'ONC』（ロエヌセ）第四号発行
一〇月　NCの作家・ダニー・ダルメラック著『小さな自転車』出版（仏語）。太平洋戦争後のニューカレドニアの日系人の歩みを描く。

二〇〇九年

七月一七日～二七日　沖縄日系人会のジャン＝ピエール・ゼンコロウ会長夫妻来沖。沖縄NC友好協会と交流、屋我地の親戚訪問
二一日～二七日　沖縄県主催「ジュニア・スタディツアー」にポアンディミエの高校生ルカイヤ＝ユキ・アンデレアが参加
沖縄とニューカレドニア友好の歌『マブイの島々』のCD完成。作詞・三木健、作曲・山城功、仏語訳・小出友視、日本語歌・仲村渠和美、仏語歌・大湾宗定（後に「マブイの架け橋」と改題）
八月三〇日　津田睦美著『マブイの往来―ニューカレドニアと日本』出版。収容所に送られた名護出身の比嘉伝三の書簡をもとに家族愛を描く。
一〇月九日　沖縄NC友好協会会報『L'ONC』（ロエヌセ）第五号発行
一一月二日～一〇日　沖縄友好協会、第二次ニューカレドニア訪問団（団長・三木健会長）一四人を派遣。ヌメアで「アミカル・ジャポネーズ」（日本親善協会）、ポワンディミエで「沖縄日系人会」と交流したほか、ニッケル鉱山やゴロ鉱山跡などを視察

二〇一〇年

一月一〇日　第二次訪問団記録『マブイの架橋』（七〇ページ）出版
六月五日　沖縄NC友好支援資金造成チャリティーコンサート「マブイの架け橋」（同実行委員会主催）が浦添市の「てだこホール」で開催。八〇〇人が鑑賞、満員となる。実行委の安里国昭事務局長より沖縄NC友好協会に剰余金寄付
七月二〇日～二七日　沖縄県主催「ジュニア・スタディツアー」に、グランドヌメア高校二年生のオロール・ボナヴァンチュールが参加。滞在中、うるま市の親戚・中村薫家を訪問
七月二七日　来沖中のジャン＝ピエール・ゼンコロウ沖縄日系人会会長、沖縄県庁で「沖縄民間大使」の認証を受ける。

同大使には、マリー＝ジョゼ・ミッシェル日本国名誉領事も認証され、証書をジャン＝ピエール会長に託す。
九月一五日　沖縄NC友好協会会報『L'ONC』（ロエヌセ）第六号発行

二〇一一年

三月五日　名護市国際交流協会主催、第一四回「世界の家庭料理フェア」に沖縄友好協会が初参加、ニューカレドニアの家庭料理・ブーニヤを調理し販売
四月一八日～二四日　沖縄NC友好協会の三木会長、ダルーズ・ミゲール副会長、玉城勝夫役員の三人が、ニューカレドニアのヌメア、コネ、ポワンディミエの三か所で第五回「世界のウチナーンチュ大会」への参加呼びかけで説明会。ポワンディミエ市のネアウティン市長、ゴロデーニューカレドニア文化庁長官らにも大会参加を要請
六月一日　沖縄NC友好協会会報『L'ONC』（ロエヌセ）第七号発行
七月　来沖中のジャン＝ピエール会長が稲嶺進名護市長を訪ね、会発足以来の沖縄系の活動を伝え、ニューカレドニア訪問を要請
「ジュニア・スタディ・ツアー」でトノン・プリシア（高校生）が来県、研修
一〇月一二日　第五回「世界のウチナーンチュ大会」（沖縄県主催）が那覇市で始まり、ニューカレドニアから五三人（団長・イヴァン・オブリー二代目会長）が参加。ネアウチン市長、イブ・ムレニューカレドニア政府教育長、ゴロデー文化庁長官、マリー＝ジョゼ・ミッシェル日本国名誉領事、ローズ＝マリー・タケ日本親善協会会長らも参加
一〇月一四日　ネアウティン市長、ミッシェル名誉領事、イヴァン沖縄日系人会会長らは名護市に稲嶺進市長を訪ね、稲嶺市長のニューカレドニア訪問を要請。稲嶺市長は「機会があればぜひ訪問したい」と答えた。
同日、ニューカレドニア訪問団は、名護市屋我地中学校の生徒たちと同校体育館で交流会。また、イブ・ムレ教育長は、名護市教育委員会の比嘉恵一教育長と会い、レモン・ヴォティエ中学校（ポワンディミエ市）と屋我地中学校との交流について意見交換
一〇月一四日　沖縄NC友好協会の招待で来沖したニューカレドニアの空手家ミン・ダック（形のヨーロッパチャンピオン）の演武およびシンポジウムを名護市の市営体育館で開催
ポネリウェンのネヴァオで「メゾン・ド・オキナワ」（おきなわの家）の落成式。盛大な祝宴が催される。沖縄から

三木会長が出席。イヴァン会長、ネアウチン市長、アプルゼズ北部州行政官、三木会長の四人がテープカット

二〇一二年

一月二八日　沖縄NC友好協会の年度総会が豊見城市のカフェレスト「レガロ」で開かれ、体調不良で三木会長が辞任、後任に玉城勝夫が二代目会長に就任、前会長は顧問に就任

三月　名護市国際交流協会主催、第一五回「世界の家庭料理フェア」参加（二回目）

五月一五日　沖縄NC友好協会会報『L'ONC』（ロエヌセ）第八号発行

二九日　西原町の沖縄カントリークラブで「日本人移民一二〇周年記念祭」参加資金造成ためのチャリティー・ゴルフコンペ、一四〇人が参加

六月一七日　日本人移民一二〇周年記念祭に派遣する「芸能団支援チャリティー公演」（主催・沖縄NC友好協会）が那覇市のテンブス館で開かれ、エイサー、空手、八重山舞踊などを披露

七月一日〜六日　沖縄NC友好協会の第三次訪問団（団長・玉城勝夫会長）四九人が「日本人移民一二〇年記念祭」参加のため訪問。式典では川井民枝舞踊団が八重山舞踊など披露

稲嶺進名護市長、比嘉祐一同議長が訪問団に同行。稲嶺市長はネアウティン市長を表敬訪問

四日　ティオでの「日本人移民一二〇年記念祭」のモニュメント（沖縄NC友好協会会員・松田幸吉設計）除幕式に参加。

宮野照男・敬介兄弟による「奉納トゥバラーマ」も演奏

ポアンディミエの市民体育館、中学校で、古武道集団「風之舞」によるエイサー太鼓を披露。訪問団に初参加した宮城恒基家の六人が、はじめて親戚と対面

八月二八日〜三一日　沖縄NC友好協会主催「日本人移民一二〇年記念祭参加の写真展」、名護市役所ロビーで開催

二〇一三年

一月二六日　沖縄NC友好協会会報『L'ONC』（ロエヌセ）第九号発行

三月　名護市国際交流協会主催、第一六回「世界の家庭料理フェア」参加（三回目）

八月一五日　宮城恒基の孫・エミリエーヌ・コーキ（三世）と妹のクリスチアーヌ夫妻が来沖。親族による歓迎会が沖縄市の結婚式場で開催

二〇一四年

二月　名護市国際交流協会主催、第一七回「世界の家庭料理フェア」参加（四回目）

二〇一五年

二月　名護市国際交流協会主催、第一八回「世界の家庭料理フェア」参加（五回目）

一〇月一六日～二四日　ポワンディミエの第九回国際映画祭で、サビヌ・ジョベー監督のドキュメンタリー『NAHASHI』（六〇分）がエントリーされた。同映画は上地善次郎の人生と功績を関係者の語りを中心に描いたもの。

二〇一六年

二月　名護市国際交流協会主催、第一九回「世界の家庭料理フェア」参加（六回目）

二〇日　沖縄NC友好協会は豊見城市のレストラン「ヨナーズ」で定期総会を開き、体調不良で辞意を表明していた玉城勝夫の後任に、與那覇修を三代目会長に選任。前会長は顧問に就任

四月一〇日～一五日　沖縄NC友好協会、一〇月の第六回「世界のウチナーンチュ大会」への参加呼びかけのため、三木健顧問とミゲール・ダルーズ副会長（事務局長兼務）を派遣、ダンベアとポアンディミエの二か所で説明会を開催。約五〇人が参加予定

一〇日～二〇日　沖縄の映画会社「シネマ沖縄」が、ドキュメンタリー映画「まぶいぐみ―ニューカレドニアの引き裂かれた移民史」製作のため、プロデューサーの末吉真也（社長）、監督の本郷義明、原案・監修の三木健の三人が、ニューカレドニアでシナリオ・ハンティング

五月一五日　沖縄NC友好協会会報『L'ONC』（ロエヌセ）第一〇号発行

九月二日～六日　シネマ沖縄製作の映画「まぶいぐみ」のオーストラリア収容所跡現地ロケ（本郷義明監督）

九日～二六日　ニューカレドニア現地ロケ班、北部東海岸一帯の集落ティオの鉱山、ヌメアの沖縄系の人たちを撮影

一〇月二〇日　ニューカレドニアから訪問団六二人来沖

二五日　沖縄NC友好協会主催、訪問団歓迎会（沖縄青年会館）

二六日　第六回世界のウチナーンチュ大会前夜祭パレード（那覇市国際通り）に参加

二七日　第六回世界のウチナーンチュ大会開会式（セルラースタジアム那覇）に出席

二八日　名護市、うるま市、沖縄市、読谷村、豊見城市などの歓迎会に参加

三〇日　第六回世界のウチナーンチュ大会閉会式（同）に出席、夜は居酒屋で交流会
三一日　訪問団帰国

二〇一七年

二月二八日　沖縄NC友好協会の年度総会及び懇親会、カフェレスト「レガロ」で開催
交流一〇周年記念誌の発行、第四次訪問団派遣（一〇月）など決定
五月　シネマ沖縄製作ドキュメンタリー映画「まぶいぐみ―ニューカレドニアの引き裂かれた移民史」完成
七月二三日　ドキュメンタリー映画「まぶいぐみ」那覇市桜坂劇場で一般上映（予定）
一〇月一七日　沖縄NC友好協会第四次訪問団派遣（予定）
一〇月一九日　沖縄日系人会創立一〇周年祝賀会（予定）
一〇月二〇日　ポワンディミエ国際映画祭で映画「まぶいぐみ」上映（予定）

参考文献

小林忠雄著
『ニューカレドニア島の日本人』ヌメア友の会、1977年

津田睦美編著
『FEU NOS PERES—ニューカレドニアの日系人』同企画実行委員会発行、2006年

津田睦美著
『マブイの往来』人文書院、2009年

永田由利子著
『オーストラリア日系人強制収容の記録』高文研、2002年

名護市史編さん委員会編
『出稼ぎと移民』名護市史本編5・Ⅰ・Ⅱ・Ⅲ・Ⅳ・名護市、2008年

石川友紀
「沖縄県のおける出移民の歴史及び出移民要因論」琉球大学移民研究センター『移民研究』創刊号、2005年

石川友紀
「フランス領ニューカレドニアにおける日本人」『移民研究』第3号、2007年

大石太郎
「戦前期ニューカレドニアの日本人移民」『移民研究』第6号、2010年

沖縄県立図書館史料編集室
『沖縄県史料・近代5・移民名簿Ⅰ』沖縄県教育委員会、1992年

沖縄県立図書館史料編集室
『沖縄県史料・近代6・移民名簿Ⅱ』沖縄県教育委員会、1994年

前野りりえ著
『ニューカレドニア・美しきラグーンと優しき人々』書肆侃侃房、2014年

沖縄ニューカレドニア友好協会
『第2次訪問団記録・マブイの架橋』2009年、同協会刊

沖縄ニューカレドニア友好協会会報
『L'ONC』(ロエヌセ)1号(2007年)〜10号(2016年)

著者略歴

三木　健（みき・たけし）

1940 年　沖縄県石垣島生まれ
1958 年　八重山高等学校卒業
1965 年　明治大学政経学部卒業
1965 年　琉球新報社入社
1993 年　同社編集局長
2006 年　取締役副社長で定年退職。退職後、ニューカレドニアを取材
2006 年　沖縄ニューカレドニア友好協会会長
2012 年　会長を辞任し顧問
2014 年　シネマ沖縄製作ドキュメンタリー映画「はるかなるオンライ山」の原案・監修
石垣市史編集委員会委員長、竹富町史編集委員

主な著書
『西表炭坑概史』『八重山近代民衆史』『八重山研究の人々』『沖縄・西表炭坑史』
『ドキュメント沖縄返還交渉』『原郷の島々ー沖縄南洋移民紀行』
『オキネシア文化論』『八重山を読む』ほか多数。

空白の移民史　ニューカレドニアと沖縄

2017 年 5 月 1 日発行

著者　三木　健

発行者　末吉　真也

発行所　株式会社シネマ沖縄

沖縄県那覇市山下町 5-21 沖縄通関社ビル 3F

TEL. 098-857-5533　FAX. 098-857-5545

url. http://cine-oki.jp

デザイン・構成　Hana 謝花恵子

印刷・製本　（有）沖版プロセス